KB206664

그곳이 어디든

그래도
가겠습니다

곽 숙 지음

하이지저스

무명한 자 같으나 유명한 자요

죽은 자 같으나 보라 우리가 살고

징계를 받는 자 같으나 죽임을 당하지 아니하고

근심하는 자 같으나 항상 기뻐하고

가난한 자 같으나 많은 사람을 부요하게 하고

아무 것도 없는 자 같으나 모든 것을 가진 자로다

고린도후서 6:9-10

목차

프롤로그

2023년이면 우리 가정이 선교사로 헌신하여 한국을 떠나온 지 20년이 된다. 선교사에게 있어서 20년은 짧다고 생각하면 짧을 수 있고, 길다고 생각하면 긴 시간일 것이다. 2003년 12월 10일은 우리 부부가 2살짜리 아들과 4살짜리 딸아이를 데리고 선교사로서 첫발을 내디딘 날이다. 선교사로 첫발을 디딘 그 당시 우리 부부는 선교사가 될 자격이 갖추어져서 선교하러 나간 것이 아니었다. 아무것도 준비되지 않은 채, 다만 사명으로만 뜨거워서 나선 첫걸음이었다.

많은 시간이 지난 지금 돌이켜 보니 겁 없는 도전이지 않았나 생각된다. 하지만 그렇게 겁이 없었기에 시작할 수 있었을 것이다. 만약 그때 선교가 얼마나 힘든 일인지 지금 알

그래도 가겠습니다

고 있는 절반이라도 알고 있었다면, 그때처럼 빈손으로 떠나지 못했을 것이다. 하지만 그 당시 명확한 한 가지 사실은 가지고 있었다. 선교는 주님이 기뻐하시는 일이며, 하나님은 우리 부부를 선교사로 부르셨다는 사실 말이다. 이 사실이 우리를 지금까지 선교지에 서 있게 하였고, 넘어져도 다시 일어서게 하는 배경이 되었다.

아무튼 우리 부부는 자기 고집이 있고, 똘끼로 충만하고, 옳다고 생각하면 무모하게 도전하는 성격이 닮아 있었다. 그런 우리 부부를 선교의 주체이신 하나님은 조금이나마 선교사다운 선교사로 다듬어가시기 위해 직접 훈련하시기로 작정하셨을 것이다. 하나님의 훈련 프로그램에 따라 우리 부부는 머리로만 알고 있었던 주님에 관한 것들이, 여러 가지의 실패와 좌절을 통해, 우리 두 사람의 몸과 영혼에 체득되기 시작했다. 그 당시에는 그런 일들이 훈련이라고 생각하지 못해 원망했으며, 훈련이 너무나 벅차다고, 그 이상은 안 되겠다고 주님께 소리칠 때도 많았다. 하지만 주님은 당근과 채찍을 적절히 사용하시며, 우리를 광야에 홀로 서게 하시고 주님만 바라보는 훈련을 시키셨다.

"도대체 하나님이 어디에 있느냐?"며 외치던 무신론자였던 내가 어떻게 하나님을 믿게 되었으며, 선교사로 헌신하였고, 지금에 이르게 되었는가 하는 나의 이야기를 여기에 슬쩍 풀어놓고자 한다. 나의 이 스토리에 큰 이적이나 기적은 별로 없지만, 주님과 나만의 로맨스가 들어 있다. 그리고 활자로 쓰인 말씀이 나의 삶과 사역 가운데 어떻게 확실하게 꿈틀꿈틀 살아 움직이는 실제가 되었는가에 대한 에피소드가 들어 있다. 말씀이신 예수님은 과연 살아 계셔서 성경 속에서 뚜벅뚜벅 걸어 나오셨다. 그리고 나를 위로하셨으며, 나를 훈련하셨으며, 나로 일어서게 하셨다.

"말씀이 육신이 되어 우리 가운데 거하시매"(요1:14)

말씀이신 하나님이 육신이 되어 우리 가운데 거하셨던 것처럼, 이제는 말씀이 나의 육신이 되기를 기도한다.나의 피부의 세포가 말씀으로 구성되어 지고, 나의 뼈에 말씀이 새겨지고, 나의 피 속에 말씀이 흘러, 내가 무의식 중이라도 죄를 멀리하고 말씀대로 사는 삶을 살고 싶다. 그래서 나를 통해 이 세상 사람들이 말씀이신 하나님을 실재로서 볼 수 있기를 바란다. 이것이 나의 평생의 소원이다.

그래도 가겠습니다

나의 이 부족한 경험들이, 나보다 나중에 신앙생활을 시작하신 분들이나 선교사로 헌신하시는 분들에게 조금이나마 도움이 되었으면 하는 작은 바람이다. 무엇보다도 이 간증집이 지금까지의 내 인생길에 함께 해주시고 인도해 주신 주님에 대한 나의 작은 사랑 표현이 되었으면 한다. 주님이 나에게 먼저 귀한 한 권의 성경책을 선물해 주셨으니, 나도 이 간증 책을 주님께 선물로 드리고 싶다. 주님께서 기쁘게 받아 주시리라 믿으면서 말이다.

"주님, 이 간증을 쓰는 것이 주님을 세상에 드러내는 행위가 되게 하소서. 나는 간 곳 없고, 구속한 주님만 나타나게 하옵소서. 이 글을 쓰면서, 내가 이 글을 써야 하는 이유를 더 확실히 알게 하시고, 거짓과 과장이 없이 솔직하게 쓸 수 있도록 해주소서. 이 글을 쓰면서 그때의 내가 미처 알지 못했던, 나의 뒤에서 은밀히 움직이시던 주님의 사랑의 손을 볼 수 있게 하소서.

이 글이, 우리 주님이 얼마나 좋으신 분인지, 우리 인생들에게 얼마나 필요한 분인지가 드러나게 하소서. 이 글을 쓰면서 주님을 더 사랑하게 하소서. 주님께 더 헌신하게 하소서. 이 글을 읽는 분들에게도 동일한 은혜가 임하게 하소서. 예수님의 이름으로 기도합니다."

제1장

내 신앙의 시작과 성장

나의 인생을 안내해줄

안내자는 어디 있나요?

눈에 보이는 것만이 존재하는 것은 아니다

햇볕 정책

하나님은 나의 모든 형편을 알고 있다

나의 인생을 안내해줄
안내자는 어디 있나요?

　나는 삼면이 산으로 둘러싸인 전라남도 고흥의 양사라는 시골 마을에서 가난한 농부의 7남매 가운데 6번째 여자아이로 태어났다. 아버지는 본래 서울에서 사셨는데, 할아버지가 돌아가시자 친척들이 많이 산다는 시골에 내려오셨다고 한다. 서울 사람이었던 아버지는 기반도 경험도 없이 농사일을 시작하였다. 하지만 그렇게 시작한 농사일은 그리 쉬운 일이 아니었다. 아버지 어머니는 아침부터 밤까지 매일 열심히 일하셨지만, 우리 집은 늘 가난했다. 그래서 언니들은 학업도 제대로 마치지 못하고 어린 나이에 돈을 벌기 위해 도시로 나가야 했다. 그래도 어렵게 얻은 아들인 큰오빠에게는 좋은 교육을 시켜주고 싶은 마음에 도시로 나가 공부를 가르치기도 하셨다.

아버지는 본래 사람 사귀는 것을 좋아하시고 나누는 것을 좋아하시는 분이셨다. 그래서 아버지는 집에서 혼자 술을 드시다가도 지나가는 마을 어른들이 보이면 기어이 청하여 함께 술을 마시게 하고서야 보내드렸다. 하지만 그렇게 밝은 성격의 아버지도 술에 많이 취하실 때면 삶이 고달프다며 한탄을 늘어놓으셨다. 술에 취한 아버지는 우리 형제들을 불러 무릎을 꿇게 하시고 반복적인 자신의 인생을 한탄하는 소리를 하셨다. 어느 때는 죽어야겠다고 농약을 마시려고 하시기도 하셨다. 그럴 때면 엄마와 오빠들은 그런 아버지를 말리느라 식은땀을 흘려야만 했다. 어린 나는 그런 아버지를 보면서 이런 생각을 했다.

"아버지가 되었으면, 책임감이 있어야지. 이렇게 어린아이들을 놔두고 어떻게 죽겠다는 말을 하지? 너무 무책임하잖아"

어머니는 작은 키에 몸집도 왜소하셨고, 게다가 자주 병치레까지 하셨다. 어머니는 아버지가 일찍 돌아가셔서 집안이 가난한데다가, 자신의 몸도 연약하여 어려서 학교도 제대로 다니지 못하셨다. 그래서 한글도, 숫자도 깨치지 못한 문맹으로 평생을 사셨다. 그래도 마음은 너무 순수하시고 착하셨다. 할머니의 여러 힘든 시집살이를 하시면서도 할머니를 정성껏 섬기셨고, 자식들에게 자신의 사랑을 아낌없이 내어 주셨다.

그런데 가난한 집 장남의 살림에 제사는 왜 그렇게 많았는지, 내가 기억하기는 거의 매달 제사가 있었던 것 같았다. 어머니는 자신의 힘에 부치는 농사일에 제사 준비까지 하시느라, 저녁이 되면 늘 고단해 하시며 '몸이 괴롭다'라고 하며 한숨을 쉬시곤 하셨다. 그렇게 힘들어 하시는 어머니를 볼 때마다 나는 마음이 무거웠다. '몸이 괴롭다'라는 말이, 보통의 '몸이 피곤하다'라는 말보다 더 무겁게 내 마음을 짓눌렀기 때문이다.

그러다 중학생이 되면서, 여러 가지 질문들과 불안들이 내 속에서 일어나기 시작했다. 나는 나의 부모님들과 주변의 어른들을 보면서, 나의 미래도 저렇게 되는 것은 아닌가 하는 불안한 마음이 들었다. 아무리 열심히 아침부터 저녁까지 땅을 파며 땀 흘리며 살아도, 결국은 이 지긋지긋한 가난에서 벗어날 수 없는 생활, 나도 어른이 되면 저분들과 같은 인생을 살아가야 하는 것일까? 단지 먹고 마시는 일에 만족하기 위해 수고하는 인생 말이다. 그리고 열심히 살아서 부자가 되어 맛있는 밥을 먹고, 좋은 집에 산다고 하여 나는 내 인생에 만족할 수 있을까? 만약 이런 육체적인 만족이 성공한 삶의 기준이라면, 동물의 삶과 무엇이 다르단 말인가? 인간은 동물보다 더 존귀하고 특별한 존재라고 하던데, 도대체 어떻게 살아야 만족할 만한 인생을 산다고 할 수 있는가?

이런 생각들과 질문들은 해결되지 못한 채 계속해서 내 안에서 맴돌며 점점 더 큰 웅덩이를 만들어 갔다. 어느 것 하나 확실한 것이 없었다. 눈을 감고 있으면 나는 끝이 없는 웅덩이 속으로 계속해서 빠져 들어가고 있는 것만 같았다. 나의 이런 고민을 또래의 친구들은 이해하지 못했고, 마음 놓고 상담할 만한 어른도 내 주변에는 없었다.

"도대체 나는 어떻게 살아야 하나요? 나의 인생을 안내해 줄 안내자는 어디에 있나요?"

나는 온통 어두움으로 둘러싸인 웅덩이 속을 배회하면서 이렇게 외치고 있었다.

눈에 보이는 것만이
존재하는 것은 아니다

내가 본격적으로 교회를 다니게 된 것은, 고등학교 2학년 때부터이다. 물론 그 이전에도 시골에 있는 작은 교회에 가끔 가 본 적은 있었다. 하지만 계속해서 교회에 출석하거나 말씀에 대해 진지하게 생각해 보는 일은 없었다. 그 당시 나에게 교회는 무료한 일상에 색다른 재미를 주는 곳이라는 정도였다. 교회에 나가면 친구들도 있고, 맛있는 간식도 주기도 했으니까 말이다. 하지만 교회의 주일 학교는 마침 그 시간에 딱 맞추어 방영하는 텔레비전의 만화영화보다 내 흥미를 끌지는 못했다. 그래서 초등학생 때 가끔 다니던 교회는 중학생이 되면서 전혀 발길을 들이지 않게 되었다. 하지만 나의 영혼은 여전히 답을 얻지 못한 수없이 많은 질문으로 피곤해 있었고, 인생은 허무한 것이구나 라고 내 스스로 정의를 내리고 있었다.

　그때 당시의 나의 영적인 상태를 아주 잘 나타내 주는 사건이 있었다. 중학교 2학년 때의 일이었다. 수업 시간 중간의 쉬는 시간에 몇몇 친구들과 함께 어떤 주제에 대해 논쟁을 벌이고 있었다. 그것은 '하나님은 존재하는가?'라는 내용이었다. 그 당시에도 같은 학급에는 교회를 다니는 친구들이 많았고, 나와 논쟁을 하는 친구들 가운데는 이웃마을 교회 목사님 딸도 있었다. 나는 '하나님은 존재한다'라고 주장하는 친구들의 주장에 맞서서, '하나님은 존재하지 않는다'라고 주장하고 있었다. 나와 함께 하나님이 존재하지 않는다고 주장하는 서너 명의 다른 아이들도 있었지만, 그중에서 나는 목에 핏대를 세우며 가장 적극적으로 논쟁에 참가하고 있었다.

　"야, 하나님이 어디에 있어? 모습이 보이지도 않고, 목소리도 들리지 않는데. 그런 것을 존재한다고 할 수 있는 거야? 만약 하나님이 내 이름을 한 번만 불러준다면, 내가 하나님의 존재를 믿을게. 하나님은 존재하지 않아! 왜냐하면 나는 지금까지 한 번도 하나님의 음성을 들어본 적이 없거든"

지금 그때 그 일을 생각하면 부끄럽기 그지없다. 그때 나는 '눈에 보이고, 귀에 들리고, 손에 만져지는 것만이 존재하는 것이다'라는 어리석은 생각을 하고 있었다. 하지만 지금은 눈에 보이지 않아도 분명히 존재하는 것들이 많다는 것을 안다. 오히려, 이런 눈에 보이는 형태를 가지고 있지 않는 것들이야 말로 더 확실하고, 더 영구하고, 더 많은 영향력을 끼치는 것이 많다. 그 대표적인 것이 공기, 빛, 바이러스 등이다.

　요즘 전 세계는 '코로나바이러스' 때문에 두려움에 떨고 있다. 코로나바이러스는 우리들의 눈에 보이지도, 손에 만져지지도 않고, 냄새도 나지 않는다. 하지만 수많은 사람들이 코로나바이러스 때문에 목숨을 잃었다. 그뿐만 아니다. 코로나바이러스는 세계 경제를 마비시켰으며, 사회 구조를 전면적으로 개혁하게 만들었다. 그리고 이 코로나바이러스는 수 없는 변이를 일으켜, 세계 우수한 과학자들이 힘들게 만들어 놓은 백신을 비웃고 있다. 코로나바이러스는 보이지 않는 괴물이다. 이제 우리는 눈에 보이지 않는 코로나 때문에 우리 생활의 많은 자유를 포기하며 살아가고 있다. 지금 그 어떤 사람도 코로나가 눈에 보이지 않기 때문에, 그 움직임을 소리로 들을 수 없기 때문에, 그 형체가 손에 만져지지 않기 때문에, 존재하지 않는다고 생각하는 사람은 없을 것이다.

'희망'이라는 존재도 그러하다. 우리가 어떤 웅덩이에 빠졌다고 상상해 보자. 만일 누군가 나를 도와주러 오는 사람이 있을 것이라는 희망이 있다면, 나는 계속해서 소리를 내어 나의 존재를 알리려고 할 것이다. 하지만 아무도 나를 도우러 오는 사람이 없다고 포기한다면, 나는 아무런 행동을 취하지 않을 것이고, 그렇게 서서히 웅덩이에서 죽어갈 것이다. 희망이라는 눈에 보이지도, 손에 잡히지도 않는 것이 나의 삶과 죽음을 결정하기도 하는 것이다.

하지만 그때의 나는 이런 너무나 분명한 진리를 알지 못했다. 다만 무지 속에서 하나님을 거부하고 있었다. 나의 큰 목소리와 확신에 찬 주장 때문인지, 하나님은 계시다고 주장하던 친구들은 더 이상 반박하지 못하고 입을 다물고만 있었다. 그때 마침, 수업 시작을 알리는 종이 울렸고, 논쟁은 끝이 났다. 나는 마음속으로 말싸움에서 친구들을 이겼다 라며 자축을 했다. 그리고는 한쪽 입술을 올리고 얼굴에 만족스러운 웃음을 머금으며 이렇게 마음속으로 말했다.

"정말 하나님은 이 세상에 없다니까. 그건 의지가 약한 사람들이 만들어 낸 허상일 뿐이야"

그렇게 나는 하나님과 전혀 상관없는 사람으로 살아갈 예정이었다.

이 일은 내가 선교사로서 중국 천진에 있을 때 예배 중에 하나님이 보여 주신 환상이다. 하나님이 이 일을 환상으로 보여 주시기 전에는 나는 내게 이런 일이 있었는지도, 내가 그런 자만한 표정을 짓고 있었는지도 전혀 기억하고 있지 못했다.

너무나 당연한 말이긴 하지만, 하나님은 나보다 나를 더 잘 아시고, 나보다 내 일을 더 잘 기억하고 계시는 분이시다. 하나님은 지금도 여전히 내 눈에 보이지도 않고, 목소리가 들리지도 않는다. 하지만, 지금의 나는 하나님께서 나의 머리카락 숫자까지 세고 계심을 믿는다. 보이니까 믿는 것이 아니라, 믿으니 보이게 된 것이다.

영적인 원리들은 이처럼 믿음이 선행되는 것들이 많다. 보이는 것을 믿는 것은 믿음이라 하지 않고, 보이지 않는 것을 믿는 것을 믿음이라고 한다. 하나님은 우리에게 먼저 믿으라, 그리하면 보이리라 라고 자주 말씀하신다. 하나님은 믿음이라는 렌즈를 통해서만 보이기 때문이다.

햇볕 정책

하나님은 절대 하나님을 받아들이지 않겠다는 나의 강한 자아와 무지를 소위 말하는 '햇볕 정책'으로 꺾을 계획을 세우셨다. 그 시작은 내가 시골에서 나와 도시에 있는 고등학교를 진학하게 되는 것으로부터 시작되었다.

나는 성적에 맞춰서 인문계 고등학교를 선택하였고 시험을 쳐서 들어가게 되었다. 그런데 그 학교가 바로 선교사가 세운 미션스쿨인 '순천 매산 여자고등학교'였다. 그 학교는 매일 아침마다 방송으로 예배를 드렸고, 학생들은 교실 책상에 앉아 예배에 참여했다. 예배는 교목이신 목사님께서 설교를 하실 때도 있었고, 크리스천이신 선생님들이 돌아가며 설교를 해 주실 때도 있었다.

그때의 나는 자기 잘난 맛에 사는 무신론자였다. 나는 하나님의 존재를 인정하고 있지 않았을 뿐 아니라, 나의 인생에 대해서도 어떠한 설렘도 기대도 없는 허무주의자였다. 그러면서도 앞으로의 인생에 대한 막연한 두려움 때문에, 나의 속사람은 늘 끝이 없는 어둠을 헤매고 있었다. 그것은 너무나도 웃긴 일이지만, 존재를 믿지도 않는 하나님에 대한 불만으로도 나타났다.

"정말 하나님이 계신다면, 세상은 왜 이렇게 불공평하지? 이 세상에서 일어나는 악에 대해, 왜 하나님은 아무 일도 하지 않는 거야? 우리 집은 왜 이렇게 가난한 거야? 하나님이라는 분이 나에게 해줄 수 있는 게 도대체 뭔데?"

하나님의 존재를 믿지 않으면서도 내가 이해할 수 없는 이 세상에 대해서는 하나님에게 그 책임을 돌리며, 그 무능한 하나님에 대해 불평을 내뱉고 있었던 것이다.

하지만 매일 반강제적으로 참석하는 예배는 나를 서서히 변화시키기 시작했다. '가랑비에 옷이 젖는 줄 모른다.'는 말과 같이, 매일 드리는 예배를 통해, 나의 속사람은 나도 모르는 사이 조금씩 변해 가고 있었다. 찬송가 가사에 괜히 마음이 뜨거워지기도 하고, 선생님들의 설교 말씀에 아주 가끔은 고개가 끄덕여질 때가 있었다. 그리고 무엇보다도 신기한 것은, 내 마음속에서 조금씩 성경책에 대한 기대가 생겨나기 시작했다는 것이다.

"성경책이 혹시 내 인생을 어떻게 살아야 하는지 가르쳐 주는 것은 아닐까? 내가 그렇게 찾고 있던 '인생 안내 책자'인 것은 아닐까?"

내가 이런 생각을 하게 된 것은 학교 선생님들의 모습 때문이었다. 대부분 크리스천으로 구성된 미션스쿨 선생님들은 지금까지의 내 주변의 어른들과는 전혀 달랐다. 그 선생님들은 인생을 힘들게 살아가고 있지 않은 것 같았다. 선생님들의 얼굴은 빛이 났고, 희망에 넘치는 것 같았다. 그리고 그들은 모두 성경책을 아주 귀한 책이라고 소개하셨고, 그 성경 말씀을 통해서 자기 자신의 삶에 어떤 변화가 있었는지에 대해 말씀해 주셨다.

이렇게 1학년 일 년을 보내고 나자, 나는 결국 다음과 같은 생각을 하게 되었다.

"나도 저 선생님들처럼 밝고, 교양 있고, 높은 가치를 향하여, 다른 사람들에게도 좋은 영향력을 끼치는 인생을 살고 싶다. 그런데 어떻게 하면 저렇게 될 수 있지? 선생님들이 귀한 책이라고 말씀하시는 성경책에 혹시 그 답이 들어 있는 건 아닐까?"

주님은 나의 강한 자아와 무지라는 지저분한 외투를, 매일 드려지는 예배와 선생님들의 간증과 삶의 태도를 통해, 한 겹씩 한 겹씩 벗겨나가기 시작하셨다. 그래서 2학년이 시작되는 3월에, 고향 후배가 교회를 나간다기에 나도 따라나서게 되었던 것이다.

미션스쿨인 우리 학교에서는 일주일에 한번 교목 선생님에 의한 '성경'이라는 수업이 있었다. 그리고 그 과목은 매주 주일예배에 참석해서 주보를 가져오면 성적점수에 가산되었다. 하지만 1학년이었던 일 년간, 나는 교회에 갈 생각이 없었기 때문에, 그 점수는 포기하고 있었다. 그런데 '성경책 안에 내가 어떻게 살아야 하는지에 대한 답이 있을지도 몰라'라는 생각이 들자, 나는 주저함 없이 교회를 향해 발을 옮기게 된 것이다.

나의 이런 이야기를 들으면 대부분의 사람들이 "참 특이하네요"라든가, "생각이 많은 고등학생이었네요"라고 말하곤 한다. 하지만 나는 지금도 많은 청소년들이 그때의 나와 같은 질문을 하고 있으며, 그 질문에 누군가가 답해주길 간절히 바라고 있다고 생각한다.

'나는 엄마, 아빠의 실수로 태어났어. 나는 존재할 가치가 없어. 나는 어쩌다 우연히 이 세상에 태어났고, 어느 날 우연히 나의 존재는 없어지는 거야. 그리고 죽으면 그것으로 모든 것은 끝이야. 그러니까 나는 열심히 살려고 노력할 필요도 없고, 정직하게 살려고 노력할 필요도 없어. 하지만 왜 내 마음은 착한 일을 하면 기쁘고, 나쁜 일을 하면 두려운 생각이 드는 걸까?'하는 의문들 말이다. 하지만 요즘의 젊은이들은 공부라든가 취직이라든가 이런 현실의 문제에 치여서, 이런 마음속의 질문들을 무시하거나 모른 척하고 있는 것일 것이다.

아무튼 나는 이런 인생에 대한 근본적인 질문들, 그리고 반드시 신중하게 생각해야 할 질문들의 답이 성경 속에 있을지도 모른다는 기대를 하며 성경을 읽기 시작했다. 물론 성경은 처음부터 쉽게 이해되지 않은 책이었고, 성경을 해석해주는 목사님의 설교도 초신자인 나에게는 어렵고 따분한 것이었다. 하지만 나는 분명 성경 안에 내 인생의 길을 안내하는 보물이 숨겨져 있을 것이고, 나는 이 보물을 찾기 전까지는 포기하지 않으리라고 다짐했다.

지금 생각해 보면, 어떻게 그런 기특한 생각을 하게 되었는지 신기할 뿐이다. 그리고 그런 생각을 내 마음에 넣어주시고 끝까지 포기하지 않도록 붙잡아 주신 하나님께 감사할 따름이다. 전적인 하나님의 은혜이다.

그렇게 주님의 '햇볕정책'은 성공을 거두었고, 나는 주님께 항복하고 말았다. 주님이 나의 기질을 아시고 계셨기에, 나에게 꼭 맞는 정책을 쓰신 것이다.

그래도 가겠습니다

하나님은 나의 모든 형편을 알고 있다

    그렇게 야무진 결단을 가지고 시작한 교회 생활이었지만, 그 시작이 그렇게 순탄했던 것은 아니었다. 왜냐하면 가족들의 반대가 시작되었기 때문이었다. 나는 교회를 다니게 되면서부터 점점 교회에 있는 시간이 많아지기 시작했다.

    내가 처음으로 다니게 된 교회는 '순천침례교회'라는 작은 교회였다. 그 교회에는 마침 같은 학년이지만 한 살 위인 학교 언니가 다니고 있었다. 그 언니는 처음 교회 나간 나와 내 후배를 주일학교와 성가대에 데리고 다니면서 교회 활동에 적극적으로 참여하게 하였다. 교회가 처음인 나는 본래 교회를 다니면 처음부터 이런 활동에 참여하는 것인 줄 알고 열심히 참여하였다. 그렇게 되자, 어느덧 나의 일요일은 교회 활동으로 가득 차게 되었다. 아침 8시부터 있는 주일 학교 교사 모임, 9시 교회학교 예배, 10시 성가대 연습, 11시 주일예배, 12시 교회 식사, 오후 3시 학생회 모임, 그리고 저녁 7시 30분 저녁 예배까지, 일요일의 대부분을 교회에서 보내게 되었던 것이다.

교회에 나가기 전의 나의 주말 시간은, 시골에 내려가 부모님 농사일도 도와 드리고, 일요일 오후에 엄마가 만든 반찬을 가지고 다시 순천으로 돌아오곤 했었다. 하지만 교회를 다니면서부터 토요일 오후에 갔다가 주일 첫차로 돌아온다거나, 아예 시골집에 내려가지 않게 되는 날이 많아지게 되었다. 그리고 가끔 수요예배나 금요예배에 참석하기 위해, 학교 야간자습을 빼먹기도 하였다. 교회에 부흥회가 있을 때는 성가대 특별찬송 때문에, 며칠씩 야간자습을 빼먹기도 하였다. 이렇게 나의 생활은 교회 중심으로 흘러가게 되었고, 가족들의 눈에는 내가 이상한 종교에 빠져서 가정과 학교생활을 내팽개치고 있다고 생각하게 되었다.

그때 내가 열심히 교회 생활을 했던 것은, 하나님에 대한 믿음이 강해서라든가, 진리의 말씀이 깨달아져서가 아니었다. 하지만 왠지 교회는 내가 있어야 할 곳이라고 생각되었고, 이왕에 교회를 다니게 된 바에는 교회의 모든 프로그램에 성실히 참여해야 한다고 생각했었다. 그래야 아직은 발견하지 못했지만 반드시 있을 것 같은, 바른 인생을 살기 위한 '인생 안내서'라는 보물 지도를 발견할 수 있을 것 같았기 때문이다.

하지만 어려운 형편에 학교를 보내고 있는 가족들의 눈에는, 내가 잘못된 종교에 미혹되어 잘못된 길을 가고 있다고 생각했다. 가족들은 때로는 나를 타이르기도 하고, 때로는 매를 때리기도 하면서 나를 회유하려고 했지만, 고집불통인 나는 교회를 포기할 수가 없었다.

그렇게 교회를 다닌 지, 일 년 정도 되던 어느 주일날 저녁이었다. 두 오빠들과 함께 자취를 하고 있었던 나는 오빠들과 저녁 식사를 마치고 공부하러 가는 척하며 내 방으로 들어갔다. 그리고는 바로 창문을 통해 내 방에서 도망쳐 나왔다. 교회 주일 저녁예배에 참석하고 싶었기 때문이었다. 하지만 내 방 창문에서 대문까지는 오빠들이 있는 방 창문 앞을 지나쳐야만 했다. 가슴이 콩닥콩닥 뛰었다. 오빠들이 금방이라도 문을 열고 나와서 '너 어디가'냐며 내 뒷덜미를 붙잡을 것만 같았다. 내 방 창문에서 대문까지가 이렇게 길었나? 나는 마음을 졸이며 살금살금 도망을 쳐서 무사히 대문을 통과했다. 그러자 '후우' 안도의 한숨과 함께, 갑자기 하나님에 대한 원망이 올라왔다.

"하나님은 내가 이렇게 목숨을 걸고 교회에 나가는 것을 알고 계시나? 나는 예배가 끝나고 다시 집에 돌아오면, 오빠들에게 혼나는 것을 감수하고서도 이렇게 교회에 가려고 하는데, 하나님은 도대체 나의 이 절실한 사정을 알고 계시나? 아아, 하나님은 늘 말씀이 없으시지. 혹시 하나님은 존재하지도 않는데, 나만 괜히 속아서 이렇게 짝사랑하고 있는 건 아닌가?"

나는 마치 하늘이 하나님이라도 되는 냥, 까만 밤하늘을 째려보면서 아무런 소리가 없는 하나님을 원망했다. 그런데 이상한 일이 일어났다. 까만 밤하늘에 글자가 쓰여 있는 것이었다.

"네 모든 형편을 다 알고 있단다"

까만 밤하늘에 올록볼록한 입체적인 모양으로 쓰인 글자였다. 그 순간 나는 왈칵 눈물이 쏟아졌다. 머리로는 빨리 발을 움직여서 이제라도 오빠가 쫓아올 것 같은 대문에서 멀리

도망가야 하는데 발이 움직여지지 않았다. 눈물만 계속 나오고 움직일 수가 없었다. 나는 꺼이꺼이 소리내어 울면서 그곳에 주저앉아 버리고 말았다.

"정말 하나님이 나의 모든 형편을 알고 계신단 말이야? 내가 교회 갈 때마다 얼마나 가슴을 졸이면서 가는지 알고 있단 말이야? 나를 사랑하고 나에 대해 기대하고 있는 가족들의 마음을 아프게 하면서까지, 교회를 포기하지 못하는 나의 상한 마음을 하나님은 정말 알고 있단 말이야? 정말 하나님은 살아계신단 말이야?"

원망이 질문으로 바뀌고, 질문이 감사로 바뀌었다. 나는 내 원망의 기도에 응답해주신 하나님이 너무나 감사해서 한참을 그곳에서 울었다. 그 글자는 내가 한참을 울고 다시 일어섰을 때는 사라지고 없었다. 하지만 내 가슴은 감격으로 터질 것만 같았다.

그 일은 내가 처음으로 하나님을 내 육감으로 체험한 역사적인 사건이었다! 그 사건은 초신자였던 나에게 하나님은 살아계시는 분이시고, 나의 모든 형편을 다 알고 계신다는 믿음을 갖게 하였고, 어려운 일을 만날 때마다 낙심치 않게 나를 지켜주는 간증이 되었다.

제2장

내 신앙의 성숙

성령님이 누군데요?

예수님, 얼마나 아프세요

나는 우리 집의 제사장입니다

성령님이 누군데요?

나는 교회를 다니기 시작하면서부터, 어린이 교회 학교에서 보조교사로 섬겼다. 대학생이 되어서도 계속해서 어린이 교회학교 봉사활동을 해오고 있었다. 그러던 어느 토요일 저녁이었다. 토요일 저녁마다 있는 주일 학교 교사들의 모임이 끝나고 주일 학교 부장 선생님과 이런저런 이야기를 하고 있었다. 그 대화 중에 교회학교 부장 선생님은 나에게 성령 하나님에 대해 말씀하셨다. 그런데 그 당시 나는 성령 하나님에 대해서 잘 알지 못하고 있었다. 교회를 몇 년 다니다 보니, 아버지 하나님은 이 세상을 창조하신 분이시고, 예수님은 우리의 죄를 위해 십자가에 못 박혀 죽으신 분이라는 것은 알고 있었다. 하지만 성령 하나님에 대해서는 모호한 개념뿐, 확실한 지식과 믿음은 갖고 있지 못하고 있었다. 물론

그래도 가겠습니다

'성령님'이라는 말을 여러 번 들어보기는 했지만, 확실히 어떤 분이고, 어떤 사역을 하시는 분인지 알지 못했다. 그래서 나는 당돌하게 그 집사님께 질문을 했다.

"성령님이 누군데요?"

그 부장 집사님은 놀라고 의아해하는 얼굴로 나를 잠시 쳐다보셨다. 아마도 '아니, 교회 생활을 이렇게 착실히 하는 자매님이, 설마 성령님이 누군지 모른단 말이야?'라고 의아해하셨을 것이다. 그래도 교회학교 부장 집사님은 친절하게도 나에게 성령님에 대해서 간단하게 설명해 주셨다. 하지만 여전히 잘 이해할 수가 없었다.

그리고 며칠 후, '어린이전도협회'라는 단체에서 하는 '교회학교 교사 강습회'에 참석하게 되었다. 교사 강습회는 교회학교 교사들을 위한 훈련 프로그램으로써, 2박 3일의 일정으로 전라남도 광주에서 열렸다. 낮에는 여러 가지 공과 내용과 만들기, 그리고 레크리에이션에 관한 선택 강의가 있었고, 밤에는 강사 목사님들에 의한 말씀과 기도회 시간을 가졌다. 그런데 두 번째 밤 기도회 시간에 나온 강사 목사님이 성령 하나님에 대해서 말씀해 주셨다. 성령 하나님은 어떤 분이시고, 어떤 사역을 하시는지, 그리고 성령의 거듭남이란 무엇인지에 대해 자세히 성경을 풀어 설명해 주셨다. 나는 너무 놀랐다. 나는 성실히 교회를 다녔고, 열심히 교회 봉사도 하면서, 꽤 괜찮은 크리스천이라고 생각하고 있었는데, 어떻게 성령에 대해 이렇게 무지했단 말인가? 왜 나는 이전에 성경을 읽으면서 이것을 깨닫지 못했을까? 나는 성경 곳곳에서 성령 하나님에 대해서 말씀하고 있었다는 것을 알고 놀람을 감추지 못했다. 게다가 얼마 전 교회학교 부장 선생님에게 '성령님이 누군데요?'라고 질문했던 내 모습까지 생각나 부끄럽기도 하였다. 그리고 이어진 기도시간에, 나는 성령님께서 내 심령에 들어오시기를 간절히 기도했다.

"성령님, 오셔서 내 영, 혼, 육의 주인이 되어 주세요, 내게 충만히 임해주세요. 성령님이 어떤 분인지 더 가르쳐 주세요. 나에게 진리를 가르쳐 주세요"

하지만 그날 밤 기도회 시간에는 어떤 특이한 현상도 일어나지 않았다. 특별한 무엇이 보인다거나 특이한 음성이 들려오지 않았다. 다만 그 밤부터 내 심령에는 성령님에 대한 갈망이 가득 찼다.

그래도 가겠습니다

하지만 그 저녁 기도회 이후의 나의 생활은 크게 변하기 시작했다. 가장 큰 변화는 성경이 너무 좋아진 것이다. 계속해서 성경만 읽고 싶어졌다. 이 세상의 그 어떤 책도 이 성경책의 가치에는 따라오지 못한다고 생각하게 되었다. 학교 교과서가 하찮은 책으로 보이기까지 했다. 그때가 마침 겨울방학 때였기 때문에 나는 오전에는 집에서 성경을 읽고 오후에는 공원에 나가 어린이 전도를 하였다. 그리고 저녁에는 다시 성경을 읽었다. 시편 119:103절의 말씀이 저절로 이해가 되었다.

"주의 말씀이 어찌 그리 내게 단지요. 내 입에 꿀보다 더하니이다"

나는 성경을 읽다가 감동을 받은 곳에는 입을 맞추었다. 그리고 잠 잘 때도 가슴에 품고 자거나 머리에 베고 자기도 했다. 내가 잠자는 중에라도 말씀이 내 안에 들어오시기를 간절히 기도하면서 말이다. 나는 성령님의 은혜로 인해 성경과 진한 사랑에 빠지게 되었고, 영혼 전도에 대한 열정이 뜨거워졌다.

예수님이 공생애 생활을 하시면서 일으키신 수많은 기적과 이적은 모두 성령님과 함께 하신 일이다. 예수님은 성령님과 동행하셨고 동역하셨다. 그리고 예수님은 우리에게 성령님을 구하면 하늘 아버지가 주실 것이라고 약속하셨다. 우리가 죄악이 만연한 이 땅에서 하나님의 뜻대로 살아가기 위해서는 성령님이 꼭 필요하기 때문이다.

> "너희가 악할지라도 좋은 것을 자식에게 줄 줄 알거든
> 하물며 너희 하늘 아버지께서 구하는 자에게 성령을
> 주시지 않겠느냐"(눅11:13)

성령님은 우리 믿는 자들의 친구이며, 선생이며, 상담자이시다. 성령님이 없이는 우리는 절대로 영적인 것들을 알수도, 영적인 일을 할 수도 없다. 그래서 우리는 매일 성령님이 충만하게 내 안에 거하시길 기도해야 한다.

성령님이 내게 충만히 임하자, 나는 성경 말씀이 너무나 좋아졌다. 그리고 그 말씀들이 쉽게 이해가 되었다. 마치 내가 성경 속으로 빨려 들어가는 것과 같았다. 내가 하나님을

알지 못했을 때, 나는 어두운 동굴 속에 갇혀 이렇게 외치고 있었다.

"도대체 나는 어떻게 살아야 하나요? 내 인생을 안내해 줄 안내자는 어디에 있나요?"

하지만 이제는 그 답을 찾았다. 성령님이 진리의 빛을 비춰주시니 성경 안의 진리가 보이기 시작했다. 인생의 시작과 마지막이 보였다. 나의 갈 길이 확실히 보였다. 어떻게 살아야 하는지 성경이 말해주고 있었다. 성경은 모든 인생의 가이드 북임이 확실하다.

예수님, 얼마나 아프세요

대학에서 '중어중문과'를 전공하고, 졸업 후에는 중국에 1년 정도 언어연수를 다녀왔다. 그리고 중국 선교사의 비전을 갖게 된 나는, '중국어문선교회'라는 선교단체에서 출판부 간사로 일하게 되었다. 그래서 나는 거처를 전라남도 순천에서 서울로 이사를 하게 되었고, 새로운 교회를 다니게 되었다. 그 교회는 그 당시 상계동 4단지 상가건물 안에 있던 '새소망교회'였다. 나는 좋은 목사님들과 성도분들 덕분에 금방 새로운 교회에 적응하게 되었고, 즐겁게 교회생활을 하게 되었다.

그러던 어느 토요일 오후에 청년 예배 때 있었던 일이다. 그때는 마침 부활주일을 하루 앞둔 고난주간의 마지막 날이

그래도 가겠습니다

기도 했었다. 그래서 찬양도 모두 예수님의 고난에 관련된 찬양이 많았다. 나는 은혜 가운데, 기도하다가 찬양하고, 찬양하다가 기도하고 있었다. 그런데 갑자기 내 눈앞에 어떤 사람의 팔목이 보였다. 그 팔목에는 깊은 상처가 있었고 그 상처에서는 피가 계속해서 흐르고 있었다. 그 팔목만 보이던 영상은 점점 더 확대되더니, 드디어 상처투성인 몸 전체가 보이게 되었다. 그것은 바로 십자가에 못 박히신 예수님의 모습이었다. 그제야 나는 처음 보았던 그 피가 흐르는 팔목은 예수님의 못 박힌 손목임을 알게 되었다. 나는 그 비참한 모습에 너무나 놀랐다. 손목에서는 계속해서 피가 흐르고 있었다.

그때 나는 힘들어하고 계시는 예수님께 무슨 말이라도 해야 할 것 같았다. 그래서 물었다.

"예수님 얼마나 아프세요?"

그러자 예수님은 이렇게 대답하셨다.

"나의 앞에 있는 즐거움 때문에 나는 힘들지 않단다"

예수님의 대답을 듣자 나는 성경 히브리서의 말씀이 바로 생각이 났다.

"그는 그 앞에 있는 기쁨을 위하여 십자가를 참으사 부
끄러움을 개의치 아니하시더니"(히 12:2)

너무나 신기한 체험이었다. 내가 이전에 이 말씀을 읽어
본 적이 있었나? 물론 그동안 들었던 설교 말씀 중에 있었을
수도 있겠고, 성경을 통독한 적이 있었으니 읽어본 적은 있
었을 것이다. 하지만 이렇게 명확하게 그 뜻을 이해하고 있
지는 못했었다.

예수님은 십자가의 그 고통보다도, 온몸에서 피가 서서히
빠져나가면서 죽어가는 그 비참함보다도, 자신의 십자가의
희생으로 온 인류가 구원을 얻는 일에 대한 즐거움이 더 커
서 그 아픔을 넉넉히 감당하고 계신 것이다. 그리고 죄 없으
신 분이 가장 극악무도한 사람들이 받는 십자가 처형을 받으
시고 벌거벗은 몸으로 높은 나무에 매달려 있는 것을 부끄러
워하지 않으신다는 것이다.

예수님의 팔목은 계속해서 클로즈업되어 보였고, 팔목에
서는 계속해서 피가 흐르고 있었다. 나는 주님의 그 사랑 앞
에서 눈물만 흘리고 있을 뿐이었다. 나는 예수님의 손목에서

계속해서 흐르는 피를 보니 마음이 너무나 아팠다. 그래서 울먹이며 예수님께 말했다.

"예수님, 제가 그 손목의 피를 닦아드릴게요"

그러자 예수님은 대답하셨다.

"이 피는 어차피 너희들을 위하여 흘리는 피니 그대로 두어라. 내 피가 없으면 너희는 구원을 얻을 수 없느니라"

그러자 또 히브리서의 9:22의 말씀이 떠올랐다.

"율법을 따라 거의 모든 물건이 피로써 정결하게 되나니 피 흘림이 없은즉 사함이 없느니라"(히 9:22)

그래 이 말씀은 내가 전도할 때 자주 인용하던 말씀이어서 알고 있는 말씀이었다. 하지만 이전까지의 성경 속에서의 '피 흘림'은 이렇게 피비린내가 나는 실재가 되지는 않았다.

지금까지의 나에게 성경 속에서의 '피 흘림'이라는 것은, 마치 병원에서 의사가 내 증상에 맞추어 써준 처방전과 같은 것이었다. 이 처방전을 가지고 가면 약국에서는 분명 약을 줄 것이다. 하지만 처방전만 보고 있는 나는 아직 그 약의 실재를 보지 못했다. 모양이 어떠한지, 냄새가 어떠한지, 감촉이 어떠한지. 그리고 그 약을 실제로 먹었을 때, 내 몸에서 어떤 작용을 할 것인가에 대한 실재가 아직 없는 것과 같은 것이었다.

하지만 나는 내 눈앞에서 예수님의 손목의 피를 보고 있었고, 그 피는 냄새가 나는 생생한 피였다. 아아, 어찌하면 좋을까? 성경의 그 죄 사함을 받기 위한 피는, 바로 내 눈앞에서 한없이 흐르고 있는 이 예수님의 피였다. 실제로 실재하는 피였다. 그 피로 말미암아 내가 용서받는 것이었다.

예수님이 십자가에서 못 박히고 피를 흘린 것은, 2천 년 전이라는, 아주 오래전에 일어났던 일이었다. 그 일을 지금 우리는, 하얀 종이에 까만 잉크로 적힌 활자를 통해서만 볼 수 있다. 하지만 그 사건이 지금 내 눈앞에서 일어난 것이다. 이 일은 과거가 아니라, 현재이고, 불특정의 누구를 위한 것이 아니라, 바로 나 개인을 위해 흘리는 보혈인 것이다. 예수님이 나를 위해서, 내 눈앞에서, 십자가 위에서 죽어가고 계신 것이었다.

하나님 아버지의 무엇을 희생하더라도 꼭 나를 구원하시

고자 하신 간절한 소원과, 그 하나님 아버지의 뜻을 어떠한 희생이 따르더라도 순종하겠다는 예수님의 결단을 통해서 나는 구원받았다. 우리가 늘 바라보는 십자가는 그런 하나님의 사랑과 예수님의 순종의 결정체인 것이다. 그런 과분한 사랑을 받을 만한 자격이 내게 있는 것일까? 나는 그 사랑에 감격하며 예수님의 손목을 붙잡고 울 뿐이었다.

"주님, 제가 무엇이라고... 제가 무엇이라고... 제가 구원 얻는 것이 그렇게 주님께 중요한 일이 된단 말입니까? 벌레만도 못한 제가 무엇이라고 주님은 벌거벗은 수치와 고통을 당하시며 죽으셔야 했단 말입니까?"

예수님은 울고 있는 나를 향해 또 말씀하셨다.

"나를 위해 울지 말고, 너와 네 자녀를 위해 울라"

그러자 또 신기하게도 누가복음의 말씀이 생각났다.

> "예수께서 돌이켜 그들을 향하여 이르시되 예루살렘의 딸들아 나를 위하여 울지 말고 너희와 너희 자녀를 위하여 울라"(눅 23:28)

이 말씀은 예수님이 십자가를 메고 골고다 언덕을 올라가실 때, 그 뒤를 따르던 여인들이 우는 모습을 보시면서 하신 말씀이다. 그런데 예수님이 이제 나에게도 자신을 보고 울지 말라고 말씀하신다. 이제 내가 보고 울어야 할 대상은 예수님이 아니라, 예수를 알지 못하고 지옥을 향하여 죽어가는 영혼이라고 말씀하신 것이다. 그리고 예수님은 또 이렇게 말씀하셨다.

"이 피는 너희를 위해 흘리는 내 피니, 너는 이 피를 증거하라."

이 말씀을 하시고 그 영상은 사라졌다. 하지만 나는 예배 내내 예수님이 못 박혀 피 흘린 손목을 생각하며 울기만 했다. 예수님이 십자가에서 받으신 고난은 모든 인류를 위한 고난이었지만, 바로 나 개인을 위해 받으신 고난이었다. 그리고 그 구원의 은혜를 경험한 자들은 이제 그 은혜를 알지 못하는 자들에게 예수님의 십자가에 대해 전해야 한다. 예수님의 죽으심과 희생이 헛되지 않도록 말이다.

예수님의 피 흘리는 손목을 보기 전에는 나는 예수님의 죽음으로 내가 구원을 받는 것을 두루뭉술하게 생각하고 있었다. 예수님의 십자가의 고통이 내 가슴을 찢어내는 것 같은 아픔으로 다가오지는 않았다. 예수님의 손목에서 흐르는 피가 마치 내 몸에서 피가 빠져나가 곧 죽을 것 같은, 그런 실재가 되지는 않았었다. 하지만 그 환상은 나를 예수님의 십자가 현장에 있게 했고, 예수님이 나의 죄 때문에 십자가에 달리신 것을 믿게 했다. 내가 매달려야 할 십자가에 예수님이 대신 매달리셨고, 내가 흘려야 할 피를 예수님이 대신 흘리셨다. 내가 아파야 할 그 고통을 예수님이 대신 당하셨다.

"예수님, 얼마나 아프세요? 이제는 제가 이 예수님의 십자가의 사랑을 전하는 사람이 되겠어요."

그 자리에서 나는 나의 삶을 헌신하게 되었다.

나는 우리 집의 제사장입니다

우리 집에는 제사가 많았다. 설날이나 추석뿐 아니라 할아버지 할머니 제사에 시제, 구제 등등, 확실치는 않지만, 거의 매달 제사가 있었던 것 같다. 아버지가 큰아들이다 보니 섬겨야 할 조상숭배가 많았던 것 같다. 가난한 형편에, 몸도 약한 엄마는 늘 제사 음식을 차리는 것과 손님 접대에 힘들어하셨다.

그렇게 우리 집안은 대대로 우상을 열심히 섬겼지만 늘 가난할 뿐이었다. 그뿐 아니라, 우리 가문의 친척들 가운데는 자살하신 분들도 있었고, 불륜 때문에 이혼한 친척들도 있었다.

내가 예수를 믿기 전에는 이런 것들이 눈에 들어오지 않았다. 보이더라도 나와 별로 상관없는 일로 생각되었다. 그런데 내가 예수님에 대해 알면 알수록, 예수님의 십자가의 은혜를 깨달으면 깨달을수록, 예수 믿지 않는 가족들이 너무나 안타깝게 느껴졌다. 우리 가문에 흐르는 저주 때문에 가슴이 너무 아팠다. 그래서 가족구원을 위해서 기도하기 시작했다. 교회 다닐 때부터 가족들의 반대가 있었지만, 반대가 있으면 있을수록 더 간절하게 가족들이 모두 구원받기를 소원했다. 특히 성령님을 체험하고 나서 구원이 무엇인지 너무나 명확해지자 나의 기도는 더욱 간절해졌다. 나는 작정하여 기도하기도 하고, 금식하여 기도하기도 하였다. 한 사람, 한 사람의 이름을 불러가면서 기도하였고, 우리 집안에 흐르고 있는 저주를 끊는 선포의 기도를 하기도 했다. 이렇게 내 기도 제목의 제1번은 항상 가족들이 구원을 얻는 것이었고, 우리 가문이 이제부터 기독교 명문 가문이 되는 것이었다.

이렇게 열심히 기도한 지 5년 정도 되던 어느 날, 기도 중에 주님의 음성이 들렸다.

"내가 너로 인하여 너의 집안의 죄를 용서하리라"

오랜 기도 끝에 듣게 된 하나님의 약속의 말씀으로 인해 나는 너무나 기뻤다. 하나님이 나의 기도를 듣고 계셨던 것이다.

구약시대 이스라엘 백성들은 자신들의 죄를 용서받기 위해 양이나 소를 가져다가 제사장의 앞으로 가져갔다. 그러면 제사장은 그 짐승을 잡아, 그 고기는 태우고, 피는 회막 문 앞 제단에 가져다가 뿌렸다. 그러면 하나님은 제사장이 가져간 그 제물의 피와 짐승을 태운 향기를 받고, 그 사람의 죄를 용서하셨다.

나는 가족의 구원과 집안을 위해 기도할 때마다, 구약의 제사장이 죄지은 자를 대신하여 하나님께 나아가 속죄의 기도를 하였던 것처럼 기도했다. 가족들의 여러 가지 죄를 가지고 가족들 대신 주님 앞에 나아갔다. 마치 나 자신이 지은 죄인 것처럼 회개하며 기도했다. 부모님을 대신해서, 내가 부모님이 되어, 하나님께 우상숭배의 죄를 회개하였다. 내가 언니와 오빠들이 되어서, 하나님을 섬기지 않고, 돈을 하나님으로 섬긴 죄를 회개했다.

"하나님, 제가 하나님이 아닌 것을 하나님으로 섬겼습니다. 하나님, 제가 물질을 하나님으로 섬겼습니다. 저의 죄를 용서해 주시옵소서. 이제부터는 하나님만 섬기겠습니다"

가문에 흐르는 저주 한 가운데 십자가를 꽂으며, 모든 저주가 떠나가기를 기도했다. 그리고 우리 가정은 이제부터 예수만 섬기는 가정이 될 것이라 선포했다.

그런 가족을 위한 제사장적인 중보기도를 주님이 들으시고 계셨다. 그리고 나의 이런 제사장적 중보기도를 인하여 우리 집안의 죄를 용서하시겠다고 말씀하신 것이다. 그 음성을 들은 후, 나는 더욱 열심히 가족구원을 위해 기도했다. 하지만 그 후 몇 년이 지나도 아무런 변화도 일어나지 않았다. 하지만 나에게는 하나님께서 주신 약속의 말씀이 있었다. 그래서 때로는 주님을 다그치며 기도하기도 했다.

"하나님, 저에게 약속하셨잖아요. 어서 속히 이 말씀을 이루어 주세요. 하나님은 약속을 잘 지키시는 분이시잖아요"

하지만 하나님은 하나님의 시간에 맞추어 일하시는 분이시다. 어느덧 하나님의 때가 되자, 하나님은 신기한 방법으로 일하시기 시작했다. 내가 교회 가는 것을 그렇게 반대해 오던 큰오빠가, 예수 잘 믿는 예쁜 아가씨를 만나 결혼한 것이다. 올케언니의 집안은 모두 신실한 크리스천이었고, 언니에게 반한 큰오빠는 결혼하게 되면, 교회 다닐 것을 약속하고 결혼하였다. 비록 큰오빠의 약속은 몇 번밖에 지켜지지 않았지만, 오빠가 결혼한 이후 나는 올케언니의 보호 아래, 자유롭게 교회 활동을 하게 되었다. 그 당시 나에게 올케언니는 하나님이 나를 위해 보내주신 천사였다.

믿지 않는 집안에 시집을 온 큰 올케언니는, 믿지 않은 시부모님들과 우리 형제들을 위해 정성껏 섬겼다. 우리 마을에서 언니는 소문난 효부가 되어 있었다. 그런 올케언니의 섬김 속에는 올케언니의 많은 눈물이 숨겨져 있었을 것이다.

그리고 몇 년 후, 둘째 오빠가 결혼하게 되었다. 둘째 올케언니는 본래 믿지 않는 분이었다. 그런데 교회도 다니지 않던 아버지가 둘째 올케언니에게 예수를 믿으라고 권하시는 것이다. 집안의 화목을 중하게 여기셨던 아버지는, 집안의 여자들이 서로 화목해야 집안이 화목해진다고 생각하셨다. 그래서 큰 올케언니가 예수를 믿고 있으니까, 이제 시집온 둘째 올케언니도 가족의 화목을 위해 예수를 믿으라는 것이다. 그래서 시아버지를 좋아하고 잘 따르던 둘째 올케언니도 교회를 다니기 시작했다. 이렇게 쉽게도 전도가 되는 것인가 하고 나는 놀랐다. 하나님의 일하심이 눈에 보이는 것만 같았다.

그렇게 둘째 올케언니를 전도하신 아버지는 곧 암이 재발하게 되었고, 병원에서도 더 이상 손을 쓸 수가 없어서 큰오빠 집에서 마지막을 준비하고 있었다. 그때 큰 올케언니는 예수 믿지 않는 아버지를 위해, 자주 목사님을 모셔다가 예배를 드렸다. 그리고 마지막에 목사님께서 예수님을 영접하시라는 권유를 받고, 눈물을 흘리며 받아들이셨다. 큰 올케언니의 헌신과 기도가 열매를 맺은 것이다.

그런데 놀라운 일은 거기에서 끝나지 않았다. 아버지가 돌아가시자, 고향마을의 친척들이 상주인 큰오빠에게 장례식을 어떻게 치룰 것인가 물어왔다. 그러자 예수를 믿지도 않던 큰오빠가 아버지의 장례식을 교회예식으로 하겠다고 말한 것이다. 친척 어른들은 대부분 예수님을 믿지 않으신 분들이었고, 아버지가 교회를 다닌 것을 보지 못했기에 반대를 했다. 하지만 큰오빠는 강경하게 목사님을 초청하여 장례식을 치렀고, 시골 장지에 갈 때도 시골교회 목사님께서 예배를 인도해 주셨다. 아무리 생각해도 이것은 놀라운 기적이었다.

그리고 기적은 계속되었다. 아버지가 돌아가신 후, 어머니가 시골마을 교회를 다니게 된 것이다. 어머니는 글을 읽지 못하는 문맹자이셨다. 하지만 예배에 참석하여 목사님의 말씀을 듣는 것을 너무나 좋아하셨다. 어머니는 나에게, 목사님 설교 말씀이 얼마나 좋은지 모르겠다고, 그런데 예배 시간에 조는 사람이 다 있더라 하면서 내게 말씀하시기도 하셨다. 그리고 어머니는 찬송가 185장 찬송을 좋아하셔서 자주 부르셨다.

"이 기쁜 소식을 온 세상 전하세. 큰 환란 고통을 당하는 자에게...성령이 오셨네. 성령이 오셨네. 내 주의 보내신 성령이 오셨네. 이 기쁜 소식을 온 세상 전하세. 성령이 오셨네"

그렇게 아버지가 돌아가신 후에 재미있게 신앙생활 하시던 어머니는 1년 후에 하나님의 품으로 돌아가셨다. 물론 예수 믿고 돌아가신 어머니는 교회 성도분들의 환송을 받으며 천국으로 가셨다.

그리고 또 놀라운 일이 일어났다. 아직도 예수를 믿지 않던 큰오빠가 엄청난 선포를 한 것이다. 그것은 집안의 모든 제사를 없애고, 아버지 어머니 두 분의 제사도 제사가 아닌 추도예배를 드리겠다는 선포였다. 이 일은 내가 예수를 믿고 가족 구원을 위해 기도한 지 10년이 지나서 일어난 일이고, 하나님의 음성을 들은 지 5년이 지나서 일어난 일이었다. 오랫동안 열심히 몇 년을 기도해도 아무런 일도 일어나지 않았었다. 하나님의 약속의 말씀을 받은 후에는 하나님께 약속한 말씀을 어서 빨리 이루시라는 협박(?)까지 하면서 기도했다. 하지만 아무런 일도 일어나지 않았다. 하지만 하나님은 우리들의 기도를, 그리고 자신의 약속의 말씀을 꼭 이루시는 분이시다!

유일하게 우리 집안에서 예수 믿던 나는, 가족의 제사장이 되어 가족들의 죄와 저주에 대해 중보기도 하였고, 하나님은 그 기도를 들어주셨다. 그 후에도 하나님은 다른 형제들을 신기한 방법으로 예수님께로 인도하셨고, 조카들도 예수를 믿게 되었다.

근 20년 동안 해외에 나와 생활하고 있었던 내가, 몇 년 전에 우연히 시간이 맞아서 어머니 추도예배에 참석하게 되었다. 어머니 추도예배는 큰 올케언니의 사회로 진행되었다. 그리고 작은아버지 부부 및 고모까지 참석하여 15명 정도가 참석한 가정예배였다. 그런데 둘러보니, 오빠들 두 명만 제외하고 모두 예수 믿는 사람들이었다. 매달 제사를 지내며 우상을 숭배하던 집안이 이제는 예배를 드리고 있었고, 많은 분이 교회의 집사로 충성되게 교회를 섬기고 있었다.

내가 주님의 부르심에 순종하여 선교사로 나간 후에는 나는 더 이상 가족구원을 위해 열심히 기도하지 못했다. 이제 나의 기도는 선교지 영혼의 구원과 그 지역의 복음화가 기도의 일 순위로 바뀌었기 때문이다. 하지만 하나님은 지금도 자신이 하신 약속을 신실하게 지키고 계신다. 구원의 일들을 여기저기에서 일으키고 계시기 때문이다.

여러 번 느끼는 것이지만, 하나님은 참 기억력이 좋으신 분이시다. 내가 몇 년 전에 한 기도를 지금까지 기억하시고, 약속의 말씀을 20년이 지나도 기억하셔서, 그 일을 이루고 계시니 말이다. 물론 아직도 예수 믿지 않는 형제들과 친척들이 많이 남아 있다. 하지만, 나는 계속 우리 집안의 제사장으로 기도할 것이고, 주님은 계속해서 약속의 말씀을 이루어 가실 것이다.

가족 구원을 위해 홀로 기도하는 그대여, 그대는 그대 집안의 제사장임을 꼭 기억하라. 그리고 그대의 기도를 하나님은 반드시 하나님의 때에 이루어 주실 것이다. 낙심치 말고 기도하라!

제3장

선교사가 되기 위해

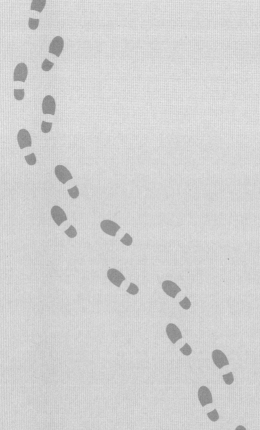

나의 구원을 이방에 전하라

그를 기뻐하라

나의 구원을 이방에 전하라

나는 대학 3학년 때부터 하나님께서 나를 중국 선교사로 부르신 것은 아닌가 하는 흐릿한(?) 소명을 느끼고 있었다. 그래서 그것을 확인하고 싶어 대학을 졸업하고 1년 정도 중국에 언어연수를 다녀왔다. 그리고 좀 더 그 부르심을 확실히 하고 싶다는 생각에 '중국어문선교회'라는 선교회에서 간사로 사역하게 되었다. '중국어문선교회'는 국내에서 중국선교를 동원하고, 현지 선교사님들의 문서적 필요를 채워주는 사역을 하는 중국 전문 선교회이다. 나는 그곳에서 매월 출간하는 중국 선교 전문지인 "중국을 주께로"라는 선교잡지를 출판하는 출판부 간사로 일하게 되었다.

그러던 어느 날, 성경 읽기 표에 따라서 성경을 읽고 있었다. 그런데 이사야 49장 6절 말씀에 내 눈이 멈추었다.

그래도 가겠습니다

"그가 이르시되 네가 나의 종이 되어 야곱의 지파들을
일으키며 이스라엘 중에 보전된 자를 돌아오게 할 것
은 매우 쉬운 일이라. 내가 또 너를 이방의 빛으로 삼
아 나의 구원을 베풀어서 땅끝까지 이르게 하리라"
(사 49:6)

나는 중국어문선교회에서 사역하면서 하나님이 나를 선
교사로 부르고 계신다는 게 점점 더 확실해졌다. 하지만 내
가 쉽게 결단할 수 없었던 이유는 '가족 구원이 먼저다'라는
생각 때문이었다. 나는 우리 집의 제사장으로 모든 가족의
구원을 위해 기도해야 한다고 생각하고 있었다. 그리고 그것
이 선교사로서의 부르심보다 내겐 더 중요한 일이라고 생각
했다. 자기 가족들이 예수를 믿지 않아 지옥가게 생겼는데,
어떻게 다른 나라 사람들에게 먼저 전도할 수 있단 말인가
라고 말이다.

그런데 이사야 49장 6절의 말씀은, 마치 주님께서 나에
게 이렇게 말씀하시는 것 같았다. "딸아, 너의 가족이 구원을
얻게 하는 것은, 네가 해야 할 일 중에 작은 일이란다. 나는
너를 이방에 복음을 전하는 선교사로 불렀단다."

나는 이 말씀을 여러 번 읽고 또 읽었다. 정말 주님께서 내가 선교사가 되기를 원하시는 걸까? 나는 하나님께서 명확하게 이 말씀에 대해 하나님의 뜻을 말씀해 주시길 기도했다. 그래서 이 한 구절의 말씀을 놓고 계속 기도했다. 그러다가 어느 분의 간증 중에 들었던 말이 생각이 났다.

"내가 하나님의 일을 하면, 하나님이 내 일을 해주신다"

내가 하나님의 일인 선교를 한다면, 주님은 나의 소원인 가족구원의 일을 내 대신해 주신다는 것이다. 나는 그 말 그대로, 하나님이 내 일을 해주신다면, 내가 하는 것보다 훨씬 더 훌륭하게 하실 것이라는 생각이 들었다. 그리고 무엇보다도 선교가 주님이 기뻐하시는 일이고, 내가 그 일을 하기를 주님이 원하시고 계신다는 확신이 생겼다. 나는 주님을 기쁘시게 해드리고 싶었다. 그래서 선교사가 되기로 했다. 내 사랑하는 주님이 나를 선교사로 부르셨기 때문이다.

물론 그때의 나는 선교사가 되기에는 여러 가지 면에서 많이 부족했다. 하지만 이 세상에서 가장 지혜로우시고, 나를 가장 잘 아시는 하나님께서 나를 선교사로 택하셨다면, 그것이 나에게 가장 적합한 일일 것이리라. 아프리카 케냐에서 사역하시는 '임은미 선교사님'의 간증 책에서 이런 말을 읽은 적이 있다.

"하나님의 뜻이 있는 곳에 있으면 그곳이 가장 안전한 곳이고, 하나님의 뜻이 없으면 그곳이 가장 위험한 곳이다"

이 말을 바꿔 말하면, 하나님의 뜻이 있는 일을 할 때 나는 가장 잘 할 수 있고, 하나님의 뜻이 아닌 일을 할 때 나는 성공이나 만족함을 느낄 수 없다. '소명'이라는 말은 비단 하나님의 일을 하는 사역자들에게만 해당하는 말이 아니다. 하나님은 한 사람, 한 사람, 그 사람에게 가장 적합한 일을 계획하고 계신다. 우리는 기도하면서 이렇게 주님께 물어야 할 것이다.

"내 인생의 주인이신 하나님, 하나님은 내가 무슨 일을 하기를 원하십니까? 어떤 일로 이 세상에 하나님을 나타내기를 원하십니까?"

그 부르심이 때로는 교단에서 아이들을 가르치는 일일 수도 있고, 그 부르심이 독거노인들의 기저귀를 갈아주는 일일 수도 있다. 하지만 우리는 그 부르심에 순종할 때 가장 멋진 인생을 살 수 있다. 하나님을 주님이라 부르는 모든 자들은 무슨 일을 하든지, 주님께 자신의 소명에 대해 진지하게 물어야 한다. 나를 위한 가장 최상의 플랜을 주님은 준비해 두셨을 것이니 말이다.

내가 주님의 일을 하니 주님이 참으로 나의 일을 대신 해주셨는가? 그렇다! 바로 앞 장에서 간증했다시피, 가족구원이라는 내 소원을 주님은 내가 생각하지도 못하는 방법으로 이뤄가고 계신다. 나보다 더 능력이 많으신 주님이 내 일을 해나갈 것이니, 나는 주님께서 그것을 기억하시도록 하는 기도를 하면 된다.

"주님, 혹시 저와의 약속 잊어버리신 것은 아니시죠?"라고 말이다. 아주 당돌하게.

그를 기뻐하라

남편을 만나게 된 것은 서울에 있는 새소망교회에서였다. 내가 새소망교회를 알게 된 것은, 아버지가 암에 걸리셔서 큰언니 집 가까이에 있는 상계백병원에 입원하시게 되었고, 내가 아버지의 병간호를 위해 서울로 올라왔기 때문이었다. 새소망교회는 상계백병원의 옆에 있는 아파트 단지 상가 안에 있었다. 그때 나는 중국에서 1년 동안의 언어연수를 마치고, '중국어문선교회'에서 간사로 사역하는 것에 대해서 기도하고 있었던 때였다.

지금은 암 환자가 4명당 1명꼴로, 암에 대한 인식이 많이 보편화되었고, 그 치료 약도 많이 개발된 상황이다. 하지만 약 25년 전만 하더라도 암은 곧 죽음의 병으로 받아들여져 있었다. 나는 아버지가 다시 건강해져서 다시 시골로 돌아가실 수 있을까, 수술이 성공할 수 있을까 등의 암담한 마음과 불안한 마음으로 가득했었다. 아버지는 수술하기로 하셨기 때문에 오랜 병원 생활이 예상되었고, 나는 아버지의 병간호를 하면서 다닐 교회를 찾아야만 했다. 나는 아버지의 병에 대한 간절한 마음 때문에 주일예배 뿐만 아니라, 시간이 나는 대로 마음껏 기도할 수 있는 교회를 찾고 싶었다. 그래서 발견한 교회가 바로 새소망교회였다.

나는 그곳에서 수요예배, 금요예배, 주일예배 뿐 아니라, 매일 밤마다 교회에 가서 하나님께서 아버지를 치료해 주시기를, 그리고 아버지가 예수님을 믿게 되기를 간절히 기도했다. 새소망교회의 목사님과 사모님, 그리고 집사님들이 나의 딱한 사정을 불쌍히 여겨 함께 기도해 주셨고, 격려도 많이 해 주셨다. 그리고 주님의 은혜로 아버지는 수술이 무사히 끝나 다시 시골로 내려갈 수 있게 되었다. 그때 나는 그간 나와 함께 마음을 나눠주시고, 함께 기도해 주신 교회에 감사를 전했다. 그리고 내가 만약에 중국어문선교회의 간사로 다시 서울로 올라온다면, 꼭 이 교회로 다시 오겠노라고 약속을 했다.

하지만 내가 서울로 이사를 오고 난 후에야 이 약속이 얼마나 지키기 어려운 약속인가를 알게 되었다. 왜냐하면 선교회 사무실은 강남구 서초동에 있었고 간사 숙소는 방배동에 있었는데, 노원구 상계동에 있는 교회까지는 왕복 4시간 정도 소요되었기 때문이었다. 하지만 약속을 지키고 싶었던 나는 선교회 간사가 되어 다시 새소망교회를 찾았고, 그곳에서 남편을 알게 되었다. 그 약속을 지킨 것 때문에 남편을 만나게 된 것이다.

그때 남편은 야간에 신학교를 다니며 새소망교회에서 교육전도사로 섬기고 있었다. 그때 당시 남편은 36살 노총각 전도사로, 교회 성도님들은 노총각 전도사님 장가보내는 것을 놓고 기도하고 있었다. 그런데 마침 믿음만 좋을 뿐 세상 물정 모르는 순진한 27살의 시골 아가씨가 교회에 새로 오게 된 것이다. 그야말로 '기다리고 기다리던 신부감'이 나타난 것이었다.

그런 분위기 가운데서 남편과 결혼까지 이어지게 된 결정적인 일이 있었다. 그것은 어느 따뜻한 봄날 토요일 오후에 있었던 일이었다. 그날 나는 청년부 예배가 끝나면 중계동에 있는 언니 집에 있던 내 짐을 선교회 간사 숙소로 옮길 계획을 가지고 있었다. 이삿짐이 그렇게 많지는 않았지만, 여자 혼자서 전철을 몇 번 갈아타며 옮기기에는 쉽지 않은 일이었다. 그래서 청년부 담당 전도사님께서 교회 차를 이용해서 옮겨주시기로 하셨다.

그런데 그때 전도사님께서는 짐 나르는 것을 도와주실 분으로 다른 한 분과 함께 나타나셨다. 그분이 바로 현재 나의 남편인 이동주 전도사님이었다. 짐은 얼마 되지도 않는데, 두 분의 전도사님께서 바쁜 토요일 시간을 내어주신다고 하니 나는 송구스러워 어찌해야 할지를 몰랐다. 그래도 도와주신다고 하니 그냥 그렇게 가야 하는구나, 라고 생각했다. 그런데 출발한 지 얼마 지나지 않아 청년부 전도사님께서 갑자기 할 일이 생각이 났다면서, 자기는 내릴 테니까, 나와 교육 전도사님 두 분만 가라고 하시는 것이다. 갑작스러운 말씀에 당황하기는 했지만, 그렇지 않아도 두 분이나 같이 가주시는 것에 미안한 마음이 있었기 때문에 그렇게 하기로 하고 우리 두 사람은 목적지를 향해 출발했다.

토요일 오후라 서울 시내의 길은 많이 막혔다. 우리는 3시간 이상이 걸려 겨우 간사 숙소에 도착할 수 있었다. 그리고 늦은 점심도 같이 먹게 되었다. 우리 두 사람은 그 긴 시간 동안에 많은 얘기를 나누었다. 신앙에 대해서, 그리고 선교에 대해서도 이야기를 나누었다. 알고 보니, 남편도 선교 비전을 갖고 있었다. 그리고 나이 차이가 9살이나 있음에도 불구하고 의외로 이야기가 잘 통하였고 재미있는 시간을 보낼 수 있었다. 그리고 나중에 안 사실이지만, 그때 남편은 나를 자신의 결혼 상대자로 마음에 결정했다고 한다. 그때의 그 청년부 전도사님은 지금은 경기도에서 목회를 하고 계시는데, 지금도 우리 부부를 만날 때마다 우리 결혼에는 자기 지분이 많다고 웃으시며 말씀하시곤 하신다. 우리 둘을 연결해주려고, 일부러 남편을 불러들였고, 일부러 자리를 비켜주었다고 말이다.

어쨌든 그렇게 해서 남편은 나를 미래의 자기 신부로 정해놓고 나에게 호감을 표현했다. 하지만 그 당시 선교 열정으로 가득 차 있던 나는 연애나 결혼에 대해 전혀 관심이 없었다. 그리고 같은 교회 안에서 남녀의 교제는 자칫하면 덕스럽지 못한 결과를 가져올 수도 있다고 생각하여 나는 될 수 있는 대로 피하고 싶었다. 그래서 나는 자꾸 다가오는 전도사님을 떼어놓으려는 심산으로 서로 시간을 두고 하나님의 뜻을 묻는 기도를 하자고 제안하였다. 나는 6개월의 시간을 두고 지켜보자고 제안했다. 하지만 남편은 펄쩍 뛰면서 6개월은 너무 긴 시간이니 2주만 기도해 보자고 했다.

내가 본래 얼마 동안이라도 기도의 시간을 갖자고 한 것은, 정말 우리 두 사람의 교제에 대한 하나님의 뜻을 알고 싶어서가 아니었다. 다만 그때의 나는 연애도 결혼도 하고 싶지 않았기 때문에, 서로 떨어질 핑계를 갖고 싶었던 것뿐이었다. 하지만 기도하기로 약속했으니 기도를 해야만 했다. 나는 매일 밤 숙소 가까운 곳에 있는 교회에 나가 기도를 했다. 마침 남편은 그 기도하기로 한 2주간 중에서 일주일 일정으로 중국에 단기간 선교 여행을 떠나게 되었다.

그런데 기도한 지 4일 만에 주님의 음성이 들렸다.

"그를 기뻐하라"

나는 거절의 응답을 기다리고 있었는데, 주님은 허락의 응답을 주신 것이다. 그리고 '그를 사랑하라'도 아니고, '그를 받아들여라'도 아닌, '그를 기뻐하라'라는 말씀이 무슨 뜻인

그래도 가겠습니다

지 이해할 수가 없었다. 그래서 나는 다시 주님께 기도했다.

"주님, '그를 기뻐하라'는 이 말씀이 성경 어디에서 읽은 것 같은데요. 만약에 제가 그 말씀을 성경에서 찾아낸다면 주님의 뜻으로 알고 순종하겠습니다"

그래서 눈을 뜨고 성경을 뒤적였다. 그때 나는 성경에 그런 말씀이 있는지조차도 확실히 모르고 있었다. 그리고 있다고 한들 그 많은 말씀 중에 어떻게 찾을 수 있단 말인가 생각하며 성경을 그냥 뒤적였다.

지금 시대라면 핸드폰으로 관련 단어만 입력해도 바로 성경 구절이 나오겠지만, 그때는 그럴 수도 없었다. 성경을 딱 펼쳤더니, 시편이 나왔다. 그래서 10분 정도 성경을 앞뒤로 뒤적이며 말씀을 찾아보고 있었다. 그런데 시편 37:4절의 말씀이 눈에 들어왔다.

"그를 기뻐하라. 저가 네 마음의 소원을 이루어 주리라"

이 말씀이 지금 내가 가지고 있는 '개역 개정역'으로는 '여호와를 기뻐하라'로 번역되어 있지만, 그때 내가 본 성경에는 '그를 기뻐하라'라고 번역되어 있었다. 나는 이 시편 말씀을 며칠 동안 묵상하며 정말 주님께서 허락하신 말씀인지 물었다. 그리고 마음의 평안과 확신을 얻게 되었다.

남편은 며칠이 지나 중국 단기선교에서 돌아와, 우리 두 사람의 교제에 대하여 하나님께 아가서의 말씀을 주셨노라고 말했다. 말씀으로 확신을 받은 우리는 2주를 채우기 위해 한 주를 더 기다릴 필요도 없었다. 하나님은 내가 혼자서 선교를 하는 것보다, 두 사람이 연합하여 선교사역을 하기를 원하셨던 것이다.

이렇게 주님의 적극적인 간섭으로 남편과 나는 결혼을 했고, 함께 주님의 사역을 감당하는 동역자가 되었다. 결혼한 지 24년이 지난 지금도 나는 자주 이런 고백을 한다.

"내가 한 일 중에 가장 잘한 일은, 예수님을 믿은 것과 내 남편과 결혼한 일이다"

주님은 내게 가장 적합한 배우자를 골라 주시기 위해, 전라남도 시골에 있던 나를 불러 서울까지 올리셨다. 그리고 서로가 서로의 기쁨이 되도록 연합하게 하셨다. 주님은 참으로 훌륭한 중매쟁이이시다.

남편과 함께

제4장
___

중국 선교사로서

선교사로서의 첫발

네가 어디로 가든지 너와 함께 하느니라

선교사로서의 첫발

우리 부부는 결혼 후, 부교역자로서 몇몇 교회에서 사역을 했다. 그러다가 오래전부터 품고 있었던 선교사로 나갈 때가 되었다고 생각되어, 2003년 12월 8일, 드디어 중국 선교사로 처음 발을 내딛게 되었다. 우리 부부는 4살짜리 딸과 이제 돌 지난 지 몇 달이 되지 않은 아들의 손을 이끌고 인천항에서 중국 천진을 향하는 배를 탔다.

그때 당시 우리 부부는 선교사가 되기 위한 선교단체 훈련이라든가, 후원자 개발이라든가 하는 준비도 없었다. 선교지에서 선교하다가 힘들 때면 가끔 이런 생각을 해보기도 했다. 우리가 선교사로 해외에 나가기 전에 만약 선교 훈련을 받을 수 있는 선교단체를 더 알아보았더라면 덜 고생했을지도 모르겠다. 그리고 선교는 선교사만이 혼자 하는 단독 사

그래도 가겠습니다

역이 아니라, 선교단체와 후원자들과 함께하는 협력 사역인 것을 그때도 알았더라면 더 좋았을 것을 하는 후회를 해본 적이 있다.

하지만 선교단체의 훈련을 받기 위해서는 꽤 비싼 훈련비를 선교사 본인이 준비해야 했다. 물론 선교에 관심이 많은 교회를 모 교회나 파송교회로 둔 경우에는 파송교회에서 일부 또는 전액을 부담해 주시기도 하지만 말이다. 게다가 어떤 선교단체는 아이들을 따로 놔두고 부부만 선교훈련을 받게 하는 곳도 있다. 가난한 전도사 생활을 하던 우리는 충분한 재정도, 어린 두 아이를 안심하고 맡길 만한 곳도 없었다. 그래서 주님의 일을 하면, 주님께서 나머지는 책임져 주실 것이라는 배짱을 가지고 선교사의 첫발을 내디뎠다. 만약 그 상황에서 우리가 계산기를 두드리며, 필요들이 다 채워지기만을 기다리고 있었다면 우리는 어쩌면 선교사로 나가는 것을 포기했을 수도 있었을 것이다. 아무튼, 주님은 우리의 기질을 그대로 사용하셔서 당신의 뜻을 이루어 가시는 분이다.

우리 부부는 본래, 일본에 있는 중국인들에게 복음을 전하고자 하는 계획을 세웠다. 소위 말하는 '제3국 선교'인 것이다. 일본에는 수많은 외국인이 살고 있고, 그중에서 중국인이 월등히 많은 비율을 차지하고 있다. 하지만 그 중국인들에게 복음을 전할 사역자가 부족하다는 소식을 들었고, 우리 부부는 우리의 부르심으로 받아들였다. 그래서 먼저 중국에 가서 중국어 공부뿐만 아니라, 중국 문화와 역사를 배우고, 언젠가 때가 되면 일본으로 건너가리라 생각하고 있었다.

중국 천진에 도착한 우리 두 부부는 어학원을 다니며 중국어를 공부했고, 어린 두 남매는 유치원에 다니게 되었다. 우리는 현지의 한국인 교회와 선배 선교사들의 도움과 지도 하에 1년 정도를 재미있게 중국을 배우며 선교사로서의 생활을 하고 있었다.

하지만 천진에는 이미 많은 한국인 교회와 선교사들이 들어와 있었다. 아마도 그때가 중국선교의 최고조의 때였지 않았나 싶다. 우리는 자연스럽게 중국인들보다 한국인들과 접촉하는 시간이 많았다. 특히 우리가 다니고 있던 한인교회 목사님께서는 우리가 선교사로 왔다는 그 이유만으로, 우리를 살갑게 받아 주시고, 좋은 것들을 늘 나눠주셨다.

그래도 가겠습니다

사회주의 중국에서는 외국인이 현지 중국인들에게 직접 복음을 전하는 것을 금지하고 있다. 그래서 중국에 있는 한국인 교회는 중국인을 전도하거나 중국인을 예배에 초청하는 일은 하지 못했다. 만약 그런 일이 발각되면, 교회는 더는 활동할 수 없게 되고 만다. 하지만 한국인들만 모여 예배를 드린다고 해도, 사회주의 국가에서 기독교 종교 집단은 언제 무슨 일을 벌일지 모르는 문제의 온상이었다. 실제로도 그러했다.

중국의 한인교회들은 선교사들이 활동하기 쉽도록 좋은 환경을 만들어 주었다. 일단 선교사들이 낯선 중국에 잘 정착하도록 돌보아 주었고, 가끔은 종교 비자를 낼 수 없는 선교사들을 위해, 비자 문제를 간접적으로 도와주기도 하였다. 그리고 현지 한국교회 목사님들은 게릴라식으로 중국 내부에 들어가 현지 중국인 사역자들을 위한 신학교육 사역을 하기도 하고, 그런 사역을 하는 선교사님들을 돕는 일 등을 했다. 또한, 주재원이나 유학생으로 온 형제자매들에게 중국선교에 헌신하게 하며, 동원하는 일 등도 하였다. 이런 활동을 중국 정부에서도 어느 정도는 알고 있기 때문에, 중국 정부는 말도 안 되는 이유로 교회 집회를 방해한다거나 사역자의 비자 연장을 방해하기도 한다.

선교란 참으로 다양한 방법으로 참여할 수 있다. '나가는 선교'만 선교가 아니라, '보내는 선교'도 선교이다. 만약 우리가 선교하는 방법에 대하여 주님께 묻고 기도한다면, 주님은 내가 처한 환경에서 할 수 있는 다양한 선교에 대해 보여주실 것이다. 다만 우리에게 선교에 참여하려는 마음이 있다면 말이다. 그리고 그 무엇보다 앞서서 명심해야 하는 것이 있다. 그것은 선교는 우리 주님이 기뻐하시는 일이며, 교회된 우리 모든 크리스천들이 다양한 방법으로라도 마땅히 참여해야만 하는 일이라는 것이다.

그래도 가겠습니다

네가 어디로 가든지 너와 함께 하느니라

1년 정도 중국 현지에서 언어공부를 하며 지내다 보니, 선교사로서의 야성(?)이 점점 사라지고 있다는 위기감이 들기 시작했다. 처음엔 낯설기만 했던 중국 생활이 어느 정도 익숙해지고, 생활 중국어가 어느 정도 통하게 되자, 현실의 생활에 안주하고자 하는 마음이 들기 시작했기 때문이다. 무엇인가 우리 자신을 현실에 안주하지 않고 새로운 목표를 향해 나아가게 하는 동기부여가 될 만한 변화가 필요했다. 그래서 우리 부부는 다음 스텝을 어떻게 할 것인가에 대해서 주님께 기도하기로 했다.

그러던 어느 날, 이 문제에 대해 한 선배 선교사님과 이야기하는 중에, 사역 중국어를 배우기에는 대만이 좋다는 말을 듣게 되었다. 중국인 사역을 해야 하는 선교사로서 우리는 생활 중국어를 할 수 있는 정도로는 만족하면 안 되었다. 중국인들에게 통역 없이 직접 설교하고 성경공부를 가르칠 수 있는 사역 중국어도 유창하게 할 수 있어야 했다. 그런데 중국 내륙은 자유롭게 종교활동을 할 수 없는 곳이기 때문에 사역 중국어를 배울 수 있는 환경이 없었다. 하지만 대만은 이미 많은 교회가 있었고, 자유롭게 종교활동을 할 수 있었다. 사역 중국어를 배우기에는 참으로 좋은 환경을 갖추고 있었다.

그 선배 선교사님의 말씀을 듣고, 내 마음은 흥분되었다. 대만은 어느 정도 중국어와 중국인의 문화와 정서를 경험한 우리가 중국 선교사로서 사역 중국어를 배우기에 더없이 좋은 환경이라고 생각되었기 때문이었다.

하지만 우리 가정이 중국에서 대만으로 생활권을 옮긴다는 것은 쉬운 일이 아니었다. 왜냐하면, 그 당시 물가가 한국의 1/10밖에 되지 않던 중국에 살던 우리가 한국보다 약 30% 정도 물가가 높은 대만으로 이사를 하여 생활 하고 공부를 한다는 것은, 그 당시 우리에게는 너무나 무리한 변화였기 때문이다. 그리고 제대로 된 후원교회나 후원자가 없이

그래도 가겠습니다

무작정 중국으로 온 우리가 아닌가? 게다가 중국에 올 때 가지고 온 전세금은, 정착 비용과 1년 동안의 우리 부부의 중국어학원 학비와 아이들의 유치원비, 그리고 생활비로 바닥이 난 상태였다. 이런 상태로 중국에서 생활하기에도 위험한 재정 상태를 가진 우리가, 대만으로 거주지를 옮긴다는 것은 너무나 무모한 일이라고 생각되었다.

하지만 새로운 환경을 위해 기도할 때마다 대만에 대한 마음이 계속되었다. 하지만 눈을 뜨고 다시 현실을 바라보면 대만으로 옮길 용기가 나지 않아 다시 포기하곤 했다. 그런데 기도하는 중에 여호수아 1장 7절 말씀이 떠올랐다.

> "오직 너는 마음을 강하게 하고 극히 담대히 하여, 나의 종 모세가 네게 명한 율법을 다 지켜 행하고 좌로나 우로나 치우치지 말라. 그리하면 어디로 가든지 형통하리니"

이 말씀은 마치 주님이 우리가 대만으로 가기를 원하시며, 그곳에도 함께 하시겠다는 주님의 음성으로 들렸다. 본래 선교사로 나설 때, 하나님이 우리와 함께하셔서 우리의 필요들을 채워주실 것이라는 믿음이 있었다. 그래서 환경 생각하지 않고, 내가 가진 것을 셈하지 않고 담대히 선교를 나설 수 있었다. 하지만 막상 아무것도 가지지 않은 상태에서 전혀 낯선 땅으로 가야 한다고 생각하니 무척이나 두려웠다. 말씀을 주셨다고 기뻐만 할 수 없는 상황이었다. 그래서 우리 부부는 하나님께서 이 일에 대해 더 명확하게 말씀해 주시길 계속 기도했다. 그러자 이번에는 여호수아 1장 9절 말씀을 보여주셨다.

> "내가 네게 명령한 것이 아니냐. 마음을 강하게 하고 담대히 하라. 두려워 말며 놀라지 말라. 네가 어디로 가든지 네 하나님 여호와가 너와 함께 하느니라 하시니라."

주님이 우리에게 네가 어디로 가든지 함께 하시겠다고 약속하시고 계신다. 그러니 마음을 강하게 하고 담대히 하며, 두려워 말며 놀라지 말라고 하신다. 주님은 이 두 번째 말씀으로 우리가 결단하도록 촉구하고 계시는 것 같았다. 아무리 여러 번 읽어봐도 주님이 우리에게 하신 말씀으로 생각되었

그래도 가겠습니다

다. 우리 부부는 어떻게 해야 할지 마음이 무거웠다.

그런데 주님은 똑같은 말씀을 다양한 방법을 통해 우리에게 다시 들려주셨다. 그 여호수아의 말씀은 새로 받은 교회 달력에서도 쓰여 있었고, 내가 읽고 있던 신앙 서적 안에도 쓰여 있었다. 그리고 다른 선교사님들 입을 통해서도 그 말씀이 들려왔다. 이 주일이라는 짧은 시간 동안, 주님은 다양한 사람과 환경을 통해서 우리에게 말씀하고 계셨다. 우리 부부는 결국, 두 손을 들 수밖에 없었다. 어차피 자신의 능력과 현실을 살피려고 한다면, 선교 사역은 할 수 없는 일이었다. 주님이 이렇게까지 여러 방법으로 말씀하시니, 여호수아 1장 9절 말씀에 모든 것을 걸 수밖에 없었다. 모든 것을 건 도박은 시작되었다.

그래서 우리는 대만으로 가기 위해, 중국에서의 짐을 정리했다. 일단 한국으로 귀국한 뒤에 대만을 가기 위한 준비를 해야 했다. 비자 문제, 집 문제, 후원비 문제 등등 준비해야 할 일들이 많았다. 하지만 그 과정 어느 하나 쉽지 않았다. 마치 주님이 우리가 주님의 말씀을 어느 정도 신뢰하고 있는지 테스트하는 것만 같았다.

우리는 먼저 대만으로 가는 비자 문제를 알아보기로 했다. 대만은 물론 종교의 자유가 있는 나라였기에 종교 비자를 받을 수 있었지만, 그것은 대만 현지의 교회나 선교단체와 관련이 있는 경우라야 가능한 일이었다. 대만에 아무런 연고가 없었던 우리는 어학원을 통해 학생비자를 받기로 하고, 주한타이베이대표부에 가서 비자에 대해 문의를 했다. 그런데 문제가 생겼다. 우리 부부 두 사람이 어학원에서 언어 공부를 한다 하더라도, 우리 아이들은 가족체재 비자를 얻을 수 없다는 것이었다. 그래서 2달이 지나면 아이들은 한국으로 돌아와야 한다는 것이다. 도무지 이해가 되지 않아, 담당자를 바꿔가며 여러 번 문의했으나 돌아오는 대답은 똑같았다.

또한, 대만에서 거할 집 문제에도 어려움이 있었다. 우리는 대만에 도착하자마자 어린 아이들을 데리고 쉴 집이 필요했다. 그래서 전에 내가 사역했던 '중국어문선교회'를 통해 대만에서 오랫동안 사역하신 한 선교사님의 연락처를 얻을 수 있었다. 물론 만나 뵌 적도 없는 선교사님이시기에 염치가 없었지만 다른 방법이 없었다. 우리는 메일을 통해 우리를 소개하고, 우리가 대만에 가서 바로 거할 수 있는 집을 얻어 달라고 부탁했다. 처음에는 호의적으로 도와주신다고 하셨다. 그런데 대만으로 출국할 날이 가까워지자 구체적으로 집 임대료 이야기를 물어 오셨다. 우리는 우리 선에서 적당하다고 생각한 가격을 제시했다. 하지만 그 선교사님은 우리가 제시한 돈으로는 대만에서 집을 구할 수 없다며 더 이상 도와줄 수 없다는 메일을 보내오셨다. 그 선교사님만 바라보던 우리는 갑작스러운 거절에 당황할 수밖에 없었다. 물론 이제 와서 그 때를 되돌아보면 그 선교사님 마음도 이해가 된다. 그 선교사님도 현지에 계시면서, 현지 사정도 알지 못하면서 무턱대고 도와 달라는 사람들이 많아 난처하기도 귀찮기도 하셨을 것이다. 그리고 선교가 뭔지도 모르고, 준비도 되어있지 않은 초짜 선교사를 받아들이시기 힘들었을 수도 있었겠구나 생각하니 이해가 된다. 하지만 아무도 의지할 만한 사람이 없던 그 당시 우리에게 그 선교사님의 거절 메일은 우리를 더욱 암울하게 했다.

그리고 또 다른 문제는 재정이 채워지지 않은 것이었다. 가진 재정은 없었고, 후원자 개발은 되지 않은 상태였다. 이렇게 전혀 환경이 열리지 않았기에, 우리가 대만을 가는 것에 대해 다시 두려워지기 시작했다. 우리가 대만에 가는 것이 하나님의 뜻인가에 대해 확신이 흔들리기 시작했다.

하지만 주님은 우리가 이 일을 위해 기도할 때마다 계속해서 여호수아 1장 7-9의 말씀을 생각나게 하셨다. 그래서 나는 두 아이를 데리고 기도원에 갔다. 더 확실한 주님의 음성을 듣고 싶어서였다. 넓은 예배당에서 3살과 5살인 어린아이들과 함께 자면서 주님의 뜻을 묻기 시작했다. 내 옆에서 기도하시던 한 연세 많으신 권사님은 어린아이를 데리고 기도원에 온 나를 안타까워하시며 이렇게 말씀하셨던 것이 기억난다.

"얼마나 힘든 일이 있으면, 이렇게 어린아이들을 데리고 기도하러 왔누"

그런데 하나님도 나를 안타깝게 여기셨나 보다. 말씀을 허락해 주셨다. 히브리서 11장 말씀을 읽는데, 마치 주님이 나의 믿음 없음을 책망하시는 것처럼 느껴졌다.

그래도 가겠습니다

나는 하나님의 뜻을 물을 때, 물론 기도 중에도 응답해주시기도 하시지만, 주로 성경 말씀을 통해 응답하신다. 특히 확실한 하나님의 뜻을 알고자 할 때도 평소에 읽던 성경 읽기 순서대로 성경을 읽으며, 오늘 읽은 성경 말씀을 통해 주님의 뜻을 알기 원한다고 기도한다. 그러다가 어떤 한 구절이 갑자기 돌출되어 보이거나, 한 말씀을 읽을 때 가슴이 뛰기도 한다. 그러면 그 말씀 한 절을 가지고 다시 주님께 기도한다. 무슨 뜻인지 이해할 수 있도록 성령님 지혜를 달라고 기도한다. 그러면 기도 중에 하나님의 뜻이 명확해지거나 확신이 생긴다.

히브리서 11장 1절 말씀이 내 눈에 돌출되게 보였다.

"믿음은 바라는 것들의 실상이요. 보이지 않는 것들의
증거니"

보이는 것을 믿는 것을 믿음이라고 하지 않는다. 보이지 않는 것을 마치 실상을 보고 있는 것처럼 믿는 것을 믿음이라고 하는 것이다. 하나님은 여러 번 우리 부부에게 여호수아 말씀으로 말씀하셨는데, 환경이 뜻대로 되지 않으니, 그 말씀을 믿지 못하고 있었다. 하나님은 히브리서 11:1절 말씀을 통해 나의 믿음 없음에 대해 말씀하시고 계셨다.

나는 내 자신에 대해, 선교사로 나올 정도면 꽤 괜찮은 믿음의 사람이 아닌가 하며 자만하고 있었을지도 모르겠다. 하지만 나는 히브리서 11:1절 말씀을 통해 나의 전혀 믿음 없음을 알게 되었다. 나는 다양한 방법으로 내게 말씀하신 주님의 말씀을 실상처럼, 증거처럼 확실히 믿지 않고 있었기 때문이다. 또한 주님은 히브리서 11:6절 말씀을 통해서도 말씀하셨다.

"믿음이 없이는 하나님을 기쁘시게 하지 못하나니, 하나님께 나아가는 자는 반드시 그가 계신 것과 또한 그가 자기를 찾는 자들에게 상주시는 이심을 믿어야 할지니라"

주님을 기쁘시게 해드리고 싶어서 나선 선교사의 삶이었다. 하지만 하나님의 말씀에 대한 믿음이 없는 나의 삶은 현재, 주님을 기쁘시게 하지 못하고 있었던 것이다.

그래도 가겠습니다

나는 계속해서 히브리서 12:2절 말씀을 읽어갔다.

"우리의 믿음의 창시자요 또 완성자이신 예수님을 바
라보자"

예수님은 하나님 아버지에 대한 절대적인 믿음을 가지고
계셨다. 0.0001%의 의심도 없었다. 100%의 믿음을 가지고
계셨다. 예수님은 자신이 십자가에서 죽더라도 하나님 아버
지가 다시 살리실 것을 믿었다. 그래서 십자가에서의 구속의
죽음을 두려워하지 않으셨다. 나는 나를 지금까지 말씀으로
인도하신 하나님에 대해 몇 %의 믿음을 가지고 있을까?

나는 나의 믿음 없음을 알았고, 예수님의 하나님에 대한
절대적인 믿음에 대해 알게 되었다. 나는 예수님의 믿음을
배우고 싶었다. 그 믿음으로 하나님을 기쁘시게 해드리고 싶
었다. 그래서 기도했다.

"주여, 내게 하나님에 대한 믿음을 더하여 주소서. 믿음을
은사로 주시옵소서. 예수님이 하나님 아버지에 대해 신뢰하
고 계셨던 그 절대적인 믿음을 저에게도 주옵소서. 예수님이
그러셨던 것처럼, 죽기까지 아버지 하나님을 신뢰하게 하옵

소서."

　주님의 말씀에 대한 절대적인 신뢰가 없음이 주님께 죄송하고 스스로가 부끄럽게 느껴졌다. 그리고 더는 말씀에 흔들리지 않을 것을 결단하고 기도원을 내려왔다. 그리고 대만행을 준비했다. 환경은 여전히 아무것도 변하지 않았음에도 나는 말씀으로 약속하신 하나님을 믿을 것이다. '네가 어디를 가든지 너와 함께 하리라'하신 하나님을 믿기로 작정했다.

2004년 여름, 중국 북경에서 중국선교사로 있을 때 가족과 함께

제5장

대만 선교사가 되어

3개의 돼지 저금통

니 쉬야오 션머?(무엇이 필요하죠?)

하늘이 웃고, 내가 웃고

주님의 예비하심은 풍성했다

그래도 너는 이 길을 가려느냐

너의 대만 생활은 여기까지이니라

3개의 돼지 저금통

기도원에서 돌아온 다음, 우리 부부는 다시 한 번 더 주한 타이베이대표부에 가서 아이들 비자에 대해 문의를 했다. 하지만 부모 두 사람이 어학원을 다녀도 아이들의 비자는 2개월 관광비자 밖에 줄 수 없다는 그들의 대답은 변함이 없었다. 또한 아무리 기도원에 가서 믿음에 대해 결단했다 하더라도, 현실은 여전히 가난한 재정은 그대로였고, 어린 두 아이들을 재울 집도 없는 상황도 그대로였다. 우리 손에는 타이베이행 편도 비행기표와 '가라'하신 주님의 명령만 있을 뿐이었다.

그 당시 우리는 정읍 시댁에 머물다가, 출국 하루 전날 인천에 있는 남편 여동생 집에서 하룻밤을 머물고 비행기를 탈 예정이었다. 그런데 정읍을 떠나기 하루 전날, 전주에 계시

그래도 가겠습니다

는 한 집사님이 우리를 꼭 만나고 싶다는 연락이 왔다. 그 집사님 부부는 우리가 예수전도단의 예수제자훈련학교(DTS)을 받을 때 국내 단기선교 여행 중에 알게 된 분들이었다. 그 집사님 부부는 선교에 대해 뜨거운 열정을 가지고 계신 분들이었다. 그래서 선교사로 나갈 꿈을 가진 우리 가정을 각별하게 생각해 주셔서, 중국에 있을 때부터 후원을 해주고 계셨다.

우리는 집사님 가정을 밤늦게 방문을 했다. 그러자 그 집사님 부부는 빨간색 돼지 저금통 3개와 하얀 봉투 하나를 건네주셨다. 그 집사님은 3명의 자녀가 있었는데, 집사님 부부는 아이들이 어렸을 때부터 선교에 참여하도록 하셨다. 그래서 용돈을 받으면, 용돈의 일부를 선교를 위해 돼지 저금통에 저축하도록 교육하셨다. 빨간색의 돼지 저금통은 유치원, 초등학생 아이들의 동전으로 가득 차 있어서 꽤 무거웠다. 그리고 집사님 부부가 날마다 집에서 일천번제 예배를 드리고 계셨는데, 그때마다 조금씩 헌금했던 헌금을 하얀 봉투에 담아 주셨다.

"선교사님, 부족하지만 대만에서 집을 얻는 데 보태 쓰세요"

우리는 당장 거할 집도 없고, 집을 구할 돈도 없는 것을 아무에게도 말하지 않았다. 다만 기도할 뿐이었다. 그런데 주님께서 집사님 가정을 통해, 그 필요를 채워주신 것이다. 전주에서 정읍으로 돌아오는 버스 안에서 우리는 그 묵직한 돼지 저금통을 계속해서 가슴에 안고 있었다. 돼지 저금통의 동전은 세 개를 다 합해도 그렇게 많은 액수의 금액은 아닐 것이다. 하지만 그 돼지 저금통의 무게는, 집사님 부부의 선교에 대한 열정의 무게였고, 세 자녀들의 헌신의 무게였다. 그리고 하나님이 약속하신 말씀의 무게였다. 그 세 개의 저금통은 몇 백만 원의 지폐보다도 더 무거운 금액이었다.

지금까지 주님은 우리의 믿음만을 요구하시며 잠잠하셨다. 아무런 기적도 일으키시지 않으셨다. 하지만 그날 주님은 손바닥 정도의 구름을 우리에게 보여주신 것이다. 그것으로 충분했다. 주님이 우리의 형편을 알고 계신다는 작은 증거, 누군가 우리를 위해 기도하고 있다는 손 바닥 만한 증거, 그것만 있으면 충분했다. 그 구름이 곧 큰 비를 몰고 올 것을 믿었기 때문이다.

그래도 가겠습니다

우리 네 식구를 태운 대만행 비행기는 저녁이 되어서야 비 내리는 타이베이공항에 내려섰다. 입국수속을 다 마치고 짐을 찾아 입국 게이트를 향해 걸어갔다. 머물 곳이 정해지지 않았기 때문에, 우리 짐은 많지 않았다. 얇은 이불 한 장, 네 가족 옷가지 조금, 성경책과 약간의 책들, 그리고 아이들이 가지고 놀던 장난감과 동화책 몇 권과 숟가락을 챙겼다. 그랬더니 종이상자로 7개가 되었다.

우리 부부는 카트에 짐을 나누어 담고, 아이들도 카트에 태워 입국 게이트를 향해 나갔다. 그러다 입국 게이트 바로 앞에서 멈추어 섰다. 입국 게이트는 출구가 왼쪽과 오른쪽으로 나누어져 있었다. 어느 쪽으로 가야 할까? 물론 왼쪽 게이트로 가든, 오른쪽 게이트로 가든 다시 만나게 되어 있었다. 하지만 게이트 앞에서 왼쪽으로 가야 할지, 오른쪽으로 가야 할지 알지 못하여 망설이고 있는 나의 모습은, 마치 우리들의 마음과 같았다. 이 게이트를 나가고 나서, 또 우리 가족은 어디로 가서 밤을 지새워야 할까? 처음 대면하는 대만은 어떤 얼굴로 우리를 반겨줄까? 아브라함이 하나님의 부르심에 순종하여 갈 바를 알지 못하고 나섰을 때 이런 느낌이었을까? 막막했다.

그래도 나는 주님이 함께 하신다는 믿음을 다시 상기시켰다. 그리고 오른손잡이인 나는 오른손에 힘을 주어 카트를 오른쪽으로 틀었다. 대만에까지 들어왔는데 어떻게든 한번 부딪혀 보자라는 이상한 오기가 생겨났다. 그런데 어떤 남자분이 내게 다가오면서 말을 걸었다.

"혹시, 이동주 곽 숙 선교사님이십니까?"

아아, 이 낯선 곳에서 우리 이름을 부르는 사람이 있었다. 너무나도 반가웠다.

"네, 그렇습니다!"

그분은 바로, 우리가 대만에 거할 숙소 문제로 메일로 연락을 나눴던 대만 선교사님이셨다. 우리가 대만 현지 물가도 모른 채, 너무 싼 가격의 숙소를 부탁드렸기 때문에 도와줄 수 없다며 연락이 끊어진 선교사님이셨다. 그래도 떠나야 했던 우리는 출국 날짜를 선교사님께 알려 드렸었다. 그런데 선교사님이 이렇게 마중을 나올 것이라고는 생각도 못하고 있었다. 그분은 웃으시며 이렇게 말씀하셨다.

"만약 오늘 비가 안 왔으면 나오지 않았을 거예요. 그래도 비도 와서, 이 무지막지한 선교사가 정말 오려나 하고 나와

그래도 가겠습니다

봤더니, 정말로 오셨네요"

아주 낯선 곳에서 만난 한국인이 그렇게 반가울 수가 없었다. 그리고 3일에 이틀은 비가 내리는 대만에서, 비가 와서 나와 봤다고 말씀하시는 선교사님의 배려가 그렇게 고마울 수가 없었다.

그래도 여전히 대만에서의 우리의 살 집은 준비되어 있지 않았다. 그래서 인터넷으로 미리 예약해 두었던 배낭족들을 위한 숙소인 '유스호스텔'이라는 숙소에 가기로 했다. 한 방에 8명이 머무는 방이었고, 욕실은 공용으로 쓰는 숙소였다. 하지만 다른 곳에 비해 확실히 싸고 아침 식사까지 제공하는 곳이었다.

그렇게 우리 네 가족은 유스호스텔에서 대만에서의 첫날밤을 보내게 되었다. 그날 밤은 다음 날부터 직접 집을 알아보러 다녀야 하기에 빨리 자야 하는데도 쉽게 잠들지 못했다.

니 쉬야오 션머?(무엇이 필요하죠?)

우리는 유스호스텔에서 약 일주일 정도 머무르면서, 거할 집을 찾아 이리저리로 돌아다녔다. 우리가 대만에 도착한 것은 3월이었다. 대만의 3월은 평균기온이 17도라고 해도, 비가 자주 내려서 꽤 쌀쌀했다. 대만 상황이 전혀 낯선 우리가 집을 찾아 나서기는 쉬운 일이 아니었다. 그래도 감사한 일은, 대만도 한국의 '벼룩시장'과 같은 정보지가 있다는 것이었다. 정보지에는 집을 임대하기를 원하는 사람들의 정보가 많이 실려 있었다. 몇 번의 시도 끝에 우리는 적당한 집을 얻을 수 있었다. 할렐루야!

유스호스텔에서 새로운 숙소까지 택시 두 대를 빌려 이사를 했다. 남편과 나는 각각 아이들을 한 명씩 데리고 짐을 나누어 택시에 실었다. 방 한 칸에 욕실, 그리고 부엌이 있는

그래도 가겠습니다

집이었다. 그날은 금요일이었다. 대충 간단하게 짐 정리를 하고 나자, 남편은 동네를 둘러본다며 나갔다. 그러더니 돌아와서는 가까운 곳에 교회가 있다며 좋아했다. 남편은 주일에 예배드릴 교회를 찾으러 나갔던 것이다. 나는 얼마 되지도 않은 짐정리 하기에 바빴었지, 새로 이사 온 곳에서 교회를 찾아 봐야겠다는 생각은 하지도 못하고 있었다. 역시 남편이 나보다 한 수 위인 것을 인정할 수밖에 없다. 드디어 주일이 되어, 우리 가족은 대만 현지 교회에서 예배를 드렸다. '타이베이따즈 교회'라는 교회였다. 그런데 예배의 모든 순서가 우리가 중국에서 배운 만다린어가 아니라, 민난어로 진행이 되고 있었다.

대만은 관용어로 만다린어가 사용되고 있지만, 이 언어는 1949년 국민당 정부가 대만으로 오면서 사용된 역사가 그렇게 오래되지 않은 언어이다. 그래서 보통 생활 속에서는 민난어와 커자어가 더 많이 쓰이고 있다. 하지만 학교나 공공기관에서는 만다린어가 쓰이고 있고, 대부분의 대만사람들은 만다린어가 가능했다.

어쨌든 우리는 민난어로 예배를 드렸다. 여러 가지 우여곡절이 있었지만, 이렇게 대만에서 거할 집을 얻어 거주하게 되었고, 이렇게 주일에 예배를 드리고 있으니 감사할 뿐이었다.

예배가 끝나자 교회에서 점심 식사가 나왔다. 영양 가득한 맛있는 음식이었다. 그런데 그 교회는 각자가 자기의 그릇을 가져와서, 작은 상자에 약간의 돈을 내고 성도분들이 준비한 식사를 했다. 한국에서는 교회가 준비한 음식을 돈을 내지 않고 먹고, 당번을 정해 설거지를 하는 것만을 봐왔기 때문에 신선했다. 각자가 자기 그릇을 가져와서 먹고, 그 그릇은 집에 가져가 씻기 때문에, 설거지를 위해 당번을 정할 필요도 없고 위생적이라고 생각되었다. 미리 밥그릇을 준비하지 못한 우리는 교회에서 임시로 그릇을 빌려서 대만 성도들과 함께 밥을 먹었다. 목사님과 성도님들은 처음 온 우리를 기쁘게 맞이해 주셨고, 우리들의 형편에 대해 이것저것을 물어보셨다. 우리는 우리 형편에 대해 간단하게 말씀드렸다. 그러자 목사님께서 우리에게 이런 질문을 하셨다.

"지금 당신들에게 무엇이 필요합니까?"

그래도 가겠습니다

그때 당시 우리는 생활 도구가 전혀 없었다. 숙소가 정해지지 않았기 때문에, 짐을 많이 챙겨 올 수가 없었기 때문이다. 유스호스텔에 있으면서 간단한 그릇 몇 가지는 샀지만, 좀 가격이 비싼 냄비나 프라이팬은 아직 구입하지 못한 상태였다. 그래서 그 전날 저녁에는 주인집에 가서 프라이팬을 빌려서 사용했었다. 그래서 그런 사정을 웃으면서 가벼운 마음으로 이야기를 했다.

그런데 그날 저녁부터 놀라운 일들이 일어나기 시작했다. 그 교회 성도분들이 그날 저녁부터 수시로 우리를 찾아온 것이다. 그들은 냄비, 프라이팬 등의 부엌 가재도구를 가져왔다. 그리고는 책상, 침대, 텔레비전까지 가져다 나르기 시작했다. 냉장고까지 들고 왔다. 그리고는 돌아가면서 모두 앵무새처럼 똑같은 말만 했다.

"니 쉬야오 션머?(무엇이 필요하나요?)"

마치 지쳐있는 엘리야에게 까마귀들이 쉼 없이 빵과 고기를 물어 날랐던 것처럼, 그들의 행렬은 한동안 끊이질 않았다. 그리고 그들은 우리에게 끊임없이 물어 왔다.

"니 쉬야오 션머?(무엇이 필요하나요?)

그들은 낯선 이방인인 우리를 그리스도 예수 안에서 형제 자매라는 이유만으로 그들이 가지고 있는 것들을 아낌없이 나누어 주었다. 만약 내가 대만교회 형제자매였다면, 잘 알지도 못하는 이방인에게 이렇게 친절을 베풀 수 있었을까? 내가 가지고 있는 것을 이렇게 아낌없이 나눌 수 있었을까?

우리는 그 집에서 한 달 정도 살다가, 주님의 인도하심으로 대만침례신학교 기숙사로 들어가게 되었다. 그런데 우리가 신학교 기숙사로 이사하던 날, 우리의 이삿짐은 작은 트럭으로 가득 찼다. 처음 대만에 들어올 때는 종이상자 7개가 전부였는데, 한 달 동안 주님은 우리의 살림을 한 트럭으로 늘려 놓으셨다. 이것이 현대판 광야에서의 만나와 메추라기라고 비유할 수 있지 않을까? 아무튼, 주님은 놀라운 일을 행하셨다. 그리고 같은 예수를 믿는다는 것만으로 우리에게 그런 아낌없는 사랑을 베풀어 준 '타이베이따즈 교회'에 다시 한번 감사하지 않을 수 없다. 낯선 땅이 우리를 기쁘게 안아 주었다.

그리고 우리가 신학교로 이사를 하면서, 잠시 한 달 살던

그래도 가겠습니다

집을 정리할 때 우리는 또 한 가지의 놀라운 사실을 깨닫고 주님께 무릎을 꿇지 않을 수 없었다. 그것은 우리가 대만에 들어오기 하루 전에, 우리에게 아이들의 돼지 저금통과 헌금 봉투를 건네주셨던 전주 집사님이 하셨던 말씀이었다. '거주할 처소를 준비하실 때 사용하세요'라고 하시며 건네시던 그 물질은, 정말이지 우리가 한 달간의 집을 얻는 데 꼭 정확한 금액이었다는 것을 깨달았기 때문이다. 주님의 예비하심이었다.

하늘이 웃고, 내가 웃고

대만에 도착해서 한 달 동안 살았던 첫 숙소에 머무는 동안, 남편과 나는 번갈아 가면서 아이들을 돌보았다. 오전에 남편이 학교에 가면 나는 집에서 아이들을 돌보았고, 오후에 내가 학교에 가면 남편은 집에 남아서 아이들을 돌보았다.

그러던 어느 날 오후, 나는 학교에 가기 위해 집을 나서서 길을 걷고 있었다. 비가 그치고 나온 햇볕 때문에, 길가의 나뭇잎은 햇빛에 반짝거렸다. 나는 길을 걸으며, 우리 가족이 대만에 도착해서 지금까지 한 달간의 대만 생활을 돌아보았다. 낯선 곳을 빈손으로 가는 것이 두려워 몇 번이고 주님의 약속의 말씀을 신뢰하지 못했다. 주저했으며, 낙심했으며, 두려워했었다. 하지만 주님은 끈질기게 우리를 격려하시고, 우리가 믿음으로 결단하기를 계속해서 기다리셨다. 그리고

그래도 가겠습니다

우리가 주님의 재촉하심에 쫓기다시피 해서, 어쩔 수 없이 대만에 들어왔더니 주님은 우리가 놀랄만한 선물들을 준비해 두었던 것이다. 나의 믿음은 '억지 믿음'이었고, 나의 순종은 '억지 순종'이었다. 이런 생각들을 하며 계속해서 길을 걷고 있었는데, 갑자기 마음속에서 주님의 음성이 들려왔다.

"그래도 나는 너의 믿음을 기뻐하노라"

주님은 나의 그런 억지 순종이라도, 억지 믿음이라도 기뻐하신다는 것이었다. 내가 주님을 기쁘시게 하였구나. 믿음이 없이는 하나님을 기쁘시게 할 수 없다고 하셨는데, 나의 작은 믿음으로도 주님은 기뻐하셨구나.

보육원에 다니는 3살짜리 어린아이가 보육원에서 만든 종이꽃을 엄마에게 드렸다고 상상해 보자. 비록 그 종이꽃이 엉성할지라도 엄마는 감격할 것이다. 비록 그 종이꽃을 어린아이가 혼자서 접은 것이 아니라, 선생님이 옆에서 도와준 것임을 안다고 할지라도, 아이가 환하게 웃으며 엄마에게 꽃을 전달할 때, 엄마는 눈물을 흘리며 기뻐할 것이다.

내가 주님께 드린 믿음은 '엉성한 믿음'이었고, 성령님의 여러 번의 격려와 재촉에 의한 '겨우 순종'이었을지라도, 주님은 나의 믿음과 순종을 기뻐하셨다. 주님의 그 한량없는 사랑에 감격할 뿐이었다.

그것을 깨닫자, 갑자기 내가 걷는 길이 황금길로 변하기 시작했다. 하늘에서는 내가 지금까지 경험해 보지 못한 밝은 빛이 비치었고, 나무도, 길도 황금으로 변하였다. 나는 하늘 나라의 황금길이 이렇지 않을까 생각했다. 이 황금빛은 마치 하나님이 하늘에서 나를 향해 환하게 웃고 있는 웃음인 것 같았다. 그래서 나도 하늘을 향해 웃었다. 하늘도 웃고, 나도 웃었다.

하지만 잠시 후엔, 만약 내가 기쁘게 주님의 말씀에 순종 했더라면 더 좋았을 것을, 주님의 약속의 말씀을 아무 의심 없이 믿음으로 받아드렸었더라면 더 좋았을 것을 이라는 후회가 밀려왔다. 이왕에 선교가 주님을 기쁘시게 하는 것이라 믿고 나선 선교사의 삶이었는데, 나는 내 자신을 기꺼이 주님께 드리기를 얼마나 주저하였던가. 완전히 태워버린 번제물이 아니라, 타다가 만 것 같은 나의 헌신이었다. 내가 청년 때 보았던 예수님의 손목 환상에서 예수님은 나를 위해 자신이 온전히 죽기를 주저하지 않으셨다. 오히려 내가 구원 얻는 기쁨으로 인해 주님은 부끄러움도 개의치 않으셨다. 그런데 나는 그러지 못했다. 이런 것들을 생각하자, 나는 이제 나의 적은 믿음이 부끄러워졌다. 그리고 하나님의 그 한없는 사랑과 내 부족한 사랑이 비교되어 슬퍼졌다. 나의 이 부끄러운 믿음이라도 기뻐하시는 하나님의 사랑 때문에, 나는 울었다. 이제 하늘은 웃고, 나는 울었다.

주님의 예비하심은 풍성했다

이제부터는 우리 가족이 어떻게 대만침례신학교 기숙사에서 살게 되었는가를 이야기 해보고자 한다. 유스호스텔에서 일반 임대주택으로 거할 집이 정해지고, 현지 교회 성도들의 사랑으로 인해 필요한 살림들이 어느 정도 채워지자 마음에 여유가 생겼다. 그래서 주말을 이용해서 아이들을 데리고 대만 타이베이 시내 구경을 나가기로 했다. 타이베이시의 번화가를 돌며 여기저기를 구경했다. 그러다가 우리가 있는 곳에서 멀지 않은 곳에 '대만침례신학교'가 있다는 것을 알게 되었다. 그래서 신학교까지 구경해 보기로 했다. 대만침례신학교는 시내에서 그렇게 멀리 떨어져 있지는 않았지만, 산 중턱에 있어 한적하고 푸른 나무들에 둘러싸여 있었다. 우리 가족은 여기저기 돌아다니며 신학교를 구경하고 있었

그래도 가겠습니다

는데, 어떤 초로의 남자분이 우리에게 말을 걸어오셨다. 이 야기를 나눠보니, 그분은 이 신학교에서 선교학을 가르치는 교수님이셨다. 푸근한 인상에 후줄근한 복장을 하고 계셔서 신학교를 관리하시는 분인 줄 알았다가 교수님이라는 말을 듣고 깜짝 놀랐다.

그 교수님은 오랫동안 아프리카에서 선교사역을 하셨는데, 내전으로 더 이상 선교사역을 할 수 없게 되었다고 했다. 그리고 그 소식을 들은 대학교 동기이셨던 이 신학교 총장님의 권유를 받고 이곳 신학교에서 선교학을 가르치게 되셨다고 하셨다.

교수님 자신이 선교사이셨기 때문인지, 우리가 선교사로 대만에 왔다고 하시니 우리에게 관심을 가지시고 우리들의 사정에 대해서 이것저것을 물어 오셨다. 그리고는 뜻밖의 정보를 알려 주셨다. 여기 대만침례신학교에는 기숙사가 여유가 있어서, 선교사로 오신 분들도 저렴한 가격에 머물 수 있다는 것이었다. 그리고는 그 교수님은 바로 우리를 총장님에게까지 데리고 갔다. 우리는 그냥 학교 구경이나 할 계획으로 왔는데, 갑자기 총장님까지 만나게 된 것이다. 총장님도 우리의 사정을 들으시고는 흔쾌히 기숙사에 머물 수 있도록 허락해 주셨다. 우리는 지체하지 않고 신학교로 이사를 했다.

이사를 한다고 하자, 타이베이따즈 교회의 여자 성도님 한 분이 작은 트럭을 가지고 오셔서 도와주셨다. 우리 짐은 비록 작은 트럭이긴 하지만 트럭에 가득 찼다. 우리가 그 집에 들어갈 때는 달랑 종이상자 7개를 들고 들어갔었다. 그런데 한 달이 지나서는 우리 살림이 한 트럭의 살림으로 늘어났던 것이다. 이 얼마나 놀라운 일인가? 이 일은 마치, 아버지와 형을 속여 빈털터리로 삼촌 라반의 집으로 도망갔던 야곱이, 그 집을 나설 때는 거부가 되어 고향으로 돌아온 것과 같았다. 우리는 한 달 만에 한 트럭의 살림을 가진 거부가 되었다.

이렇게 해서 우리는 신학생들과 함께 신학교에서 생활하게 되었다. 한국의 신학교에 비하면 학생 수나 면적으로도 작은 신학교였지만, 우리에게는 더 좋은 곳이 없을 정도로 완벽한 환경이었다.

대만침례신학교는 모든 재학생들이 기숙사 생활을 해야

그래도 가겠습니다

만 했다. 숙소는 독신자들이 사는 싱글 숙소와 가정을 가진 신학생들이 머무는 가정 숙소로 나뉘어 있었다. 그리고 교내 부지 안에는 교수님들이 머무는 숙소도 있었는데, 교수님들 중에는 미국인 교수들도 몇 가정 함께 있었다. 이 신학교는 본래 미국 남침례회 선교사들이 세운 신학교이기 때문이었다.

푸른 자연에 둘러싸인 넓고 안전한 곳에서 우리 아이들은 대만 신학생 자녀들과 교수님 가정의 자녀들과도 어울려 놀며 자연스럽게 중국어를 배워 나갔다.

신학교는 매일 아침 7시에 아침 예배가 있었다. 이른 아침, 아직 이슬이 푸른 나뭇잎에 머물러 반짝일 때, 울창한 나무 사이에 세워진 예쁜 예배당을 가기 위해 계단을 밟고 올라가다 보면 신학생들이 그날의 예배시간에 부를 성가대 찬양을 연습하는 소리가 들려오곤 했다. 그리고 여기저기에서 새들의 노래 소리도 함께 들려온다. 그 새들의 노래 소리는 마치 신학생들의 찬양에 화음을 넣는 것처럼 그렇게 적절하고 아름다울 수가 없다. 아아, 천국이 이와 같을까? 주님의 뜻밖의 선물에 감탄할 뿐이다. 어서 예배당에 가야지. 가서 대만의 형제자매들과 함께 중국어로 하나님을 찬양해야지. 이 얼마나 기쁘고 즐거운 일인가?

그리고 무엇보다 감사한 것은, 기숙사 비용이 바깥에서 살던 비용의 1/10밖에 하지 않는다는 것이다. 그뿐만이 아니다. 신학교에는 매주 수요일 오후에 미국 대형마트인 '코스트코'에서 상품으로 팔기엔 약간의 파손이 있거나, 기한이 얼마 남지 않은 빵이나 음식들을 몽땅 가져왔다. 그 안에는 기한이 내일까지인 빵이나 조금 시들한 채소, 그리고 약간 찌그러진 통조림 캔도 있었고, 아이들의 장난감이나 학용품도 있었다. 그래서 식료품도 공짜로 얻을 수 있었고, 우리가 비싸서 사줄 수 없는 고급 장난감도 아이들은 풍성하게 가질 수 있었다. 이런 음식들을 신학생들은 '은혜의 음식'이라 하였고, 나는 '하늘의 만나'라고 불렀다.

또 신학교에서의 혜택은 이것뿐만이 아니었다. 독신 신학생들은 점심 식사와 저녁 식사를 식당에서 단체로 음식을 주문해서 먹었다. 그런데 그 식당의 음식은 넉넉하여 다 먹고도 항상 남았다. 그러면 형제자매들이 그 남은 음식을 챙겨서 가정숙소로 가져왔다. 그들은 집집마다 돌아다니며 그 음식을 필요한 만큼 덜어 가게 했다. 우리는 그들이 음식을 가져오는 것을 기다렸다가 조금 늦게 점심과 저녁을 먹었다. 지금도 그들이 '곽 숙 자매님'이라며 활기차게 내 이름을 부르

그래도 가겠습니다

던 목소리가 기억난다. 아아, 참으로 행복한 시간들이었다.

그리고 한국에서 걱정했던 아이들 비자 문제도 실제 현지에 들어와서 보니, 부모의 비자 연장에 따라 아이들도 비자를 연장할 수 있었다. 이렇게 대만에 들어오기 전에 우리를 애타게 했던 문제들이, 실제 들어와 보니, 이렇게 쉽게 해결이 되었다.

주님은 우리가 대만에서 잘 생활할 수 있도록 모든 것을 준비하시고 인도하셨다. 우리가 그때 이런 문제들로 대만행을 포기했더라면, 주님의 음성을 무시했더라면, 우리는 이런 주님의 예비하심, 주님의 채우심을 경험하지 못했을 것이다. 주님의 예비하심은 풍성했다.

그래도 너는 이 길을 가려느냐

그런데 이런 은혜 가운데도 우리에겐 또 다른 문제들이 있었다. 그것은 여전히 우리에겐 후원비가 너무나 적다는 것이었다. 우리 부부는 비자를 얻기 위해, 두 사람 모두 어학원을 다녔다. 두 달에 한 번씩 학원을 새롭게 등록하여 수업을 연장하였으며, 그 수강증을 가지고 경찰서에 가면 두 달씩 비자를 연장해 주었다. 물론 더 길게 연장할 수 있었지만, 가진 돈이 너무나 적었기 때문에, 겨우 두 달 정도씩 연장을 하고 있었다. 그런데 드디어 이 두 달 연장도 할 수 없는 상황에 이르렀다. 남편의 비자 마지막 날이 되었는데, 학비를 낼 재정이 채워지지 않은 것이었다. 한국 돈으로 딱 7만 원이 부족했다. 지금까지는 아슬아슬하게 마지막 날에라도 재정이 채워지기도 했기 때문에, 마지막 전날까지 기다렸으나 끝

그래도 가겠습니다

내 채워지지 않았다. 밤새 고심했으나 방법이 없었다. 우리에게는 밤새 그 7만 원을 만들어 낼 재간이 없었다.

그런데 아침이 되자 남편은 여행용 트렁크를 꺼내 자기짐을 싸는 것이었다. 나는 깜짝 놀라 그냥 쳐다보기만 했다. 남편은 짐을 다 싸고는 나에게 이렇게 말했다. 자기가 지금 어학원에 가서 인터넷으로 통장 잔고를 확인해 봐서, 재정이 채워지지 않으면 그대로 한국으로 가서 돈을 구해 다시 오겠다고 말이다. 나와 아이들은 그래도 아직 비자에 여유가 있었기 때문에, 그 안에 어떻게든 돈을 구해 보겠다고 했다. 그리고는 남편은 어두운 얼굴을 하고 학원을 향해 집을 나섰다. 나는 멍하니 남편의 뒷모습을 보고 있었다. 생각이 복잡했다.

"저 사람 성격상 다른 사람들에게 돈을 달라고 손을 내밀수 있을까? 남편은 정말 재정을 채워서 다시 대만으로 돌아올 수 있을까? 아이들을 챙겨서 나도 대만에서 철수해야 하는 건 아닌가? 돈 7만 원이 없어서 들어온 지 얼마 되지 않았는데 대만을 떠나야만 하는가? 하나님은 지금까지 여러 가지 기막힌 기적을 베푸시며 우리를 인도하셨는데, 주님의 기적과 인도하심은 여기까지란 말인가?"

이런저런 생각을 하다가 나는, 평소 우리에게 친절하게 대해주던 신학생 가정에 가서 돈을 빌려보기로 했다. 뜻밖의 방문에 반가워하는 그 부부에게, 나는 어떻게 말을 해야 하나 난감하여 쉽게 입을 열 수가 없었다. 우리가 신학교에 이사 온 지 이제 열흘 밖에 되지 않았으니, 그들과 우리가 알고 지낸 지가 열흘이 된 사이였다. 그런데 그들이 나를 믿고 돈을 빌려 줄까? 하지만 아무리 생각을 해봐도 이밖에는 다른 방도가 없었다.

나는 용기를 내고 또 용기를 내어 그 부부에게 말했다. 지금 비자 연장을 위해 돈이 조금 부족한데 빌려줄 수 있느냐고 말이다. 너무 뜻밖의 부탁이라고 생각했는지 그 두 부부는 서로 얼굴을 마주 보고 한참 동안 말이 없었다. 그리고는 조심스럽게 나에게 물었다.

"한국교회는 많이 부흥했고, 선교도 열심히 하지 않느냐? 그런데 왜 너희들은 선교비가 부족하냐?"

모두가 알고 있다시피, 한국 인구의 25%가 기독교인이며, 한국 교회의 빠른 성장은 세계 모든 교회들을 깜짝 놀라게 했다. 또한 한국은 세계에서 가장 많은 지역에 선교사를 파송하는 선교 국가이다. 이런 한국 교회의 부흥을 배우기 위해, 세계의 교회들은 한국교회에 몰려 왔다. 내가 대만에 있던 그 당시에도 수많은 대만교회들이 한국교회를 방문하여, 제자교육과 전도 프로그램을 배워가고 있었다. 그런 경우로 그 두 사람도 한국 교회를 방문한 적이 있었다. 그런데 그들 눈앞에 서 있는 한 한국인 선교사가 후원비가 없어서 쩔쩔매고 있는 것이다.

물론 모든 선교사가 우리처럼, 이렇게 재정의 어려움을 겪는 것은 아닐 것이다. 선교에 관심이 많은 큰 교회 파송을 받으면 파송교회가 정착비 및 생활비 등 많은 부분을 부담해 주기 때문에, 비교적 안정적으로 선교 활동하는 선교사님들도 있다. 또한, 오랜 목회 경험과 인맥을 통해 많은 후원교회를 얻어서 파송 받은 선교사님들도 있다. 하지만 내가 만나 본 대부분의 선교사들은 재정적으로 상당히 힘들어했다. 후원자 개발도 교단이나 선교단체가 해결해 주는 것이 아니라, 대부분이 자기가 개발해야 했기 때문에 충분한 후원이 확보

되지 못한 채로 선교지로 나가는 선교사들이 많다. 그들은 후원자들이 다 채워지도록 언제까지나 기다릴 수도 없고, 또 주님이 주의 일을 하는 사람은 굶겨 죽이시지는 않을 것이라는 배짱만 가지고 제대로 된 무기도 없이 적진에 뛰어든 것이다. 그러면 대부분 초기 정착에 많은 어려움을 겪게 되고, 재정 문제는 그들의 만성적 기도제목이 되기 십상이다.

우리 부부도 그런 부류의, 열정만 있고 준비가 되어 있지 않은 위태로운 선교사 가정 중 하나였다.

그 신학생 부부는 자기들도 어려운 상황이었을 텐데, 더 어려워하는 우리를 위해 7만 원의 돈을 선뜻 내주었다. 그 돈을 들고 집으로 돌아오던 나는 갑자기 '외롭다'라는 생각이 들었다.

'내가 이렇게 7만 원이 없어서, 선교를 그만두어야 할 수도 있는 이 상황을 누가 알고 있을까?'

내 사정이 마치 바다에서 작은 쪽배를 타고 망가진 노를 열심히 저으며 육지로 가려고 혼자서 애쓰는 표류자 같이 느껴졌다. 조그마한 파도에도 깜짝 놀라며 힘들어 하는 쪽배의 표류자말이다. 아무도 우리들의 이런 가슴 졸이는 상황에 대

그래도 가겠습니다

해 알지 못하고 있을 것이라고 생각하니 외롭다는 생각이 든 것이다. 이런 생각을 하자, 그동안 참고 있던 눈물이 핑 돌았다. 누가 선교를 나가라고 떠밀어서 온 것도 아니고, 내가 자원해서 선교사가 되기로 하고 왔건만, 나는 이런 작은 파도에 낙심하고 있었다. 나는 아직 아기 선교사였다. 그런데 그때 주님의 음성이 들렸다.

"앞으로의 길이 여전히 이렇게 힘들지라도, 그래도 너는 이 길을 가려느냐"

그때 나는 요한복음 6:66-69의 말씀이 생각이 났다.

예수님이 오병이어의 기적을 일으키자, 예수님의 인기는 최절정에 다다랐다. 예수님이 가시는 곳에 수많은 사람이 몰려들었다. 오병이어의 기적을 경험한 사람들은, 예수님이야말로 먹고 사는 민생의 문제를 해결해 줄 수 있는 하늘이 내려준 사람이라고 생각했다. 그리고 이런 능력자가 이스라엘의 왕이 된다면, 이스라엘은 로마의 속국에서 벗어나 자유로워지고 잘 살 수 있게 되리라는 환상을 가지게 되었다. 그래서 그중 몇몇 사람들이 조용히 예수님께 접근했다. 그들은 만약 자기들이 선거운동을 잘 해서 예수님이 이스라엘의 왕이 된다면 요직의 한 자리라도 얻을 수 있지 않을까 생각을 했을 것이다.

그런데 예수님은 사람들이 이해할 수 없는 이상한 말씀을 하셨다.

"나는 하늘에서 내려온 살아 있는 떡이다. 이 떡을 먹는 자는 영원히 살 것이다."

이 말을 들은 사람들은 동요하기 시작했다. 그들은 이상한 말씀만 하시는 예수님에 실망하여 고개를 흔들고 예수의 곁을 떠나갔다. 그들의 관심은 오로지 오병이어와 같은 예수님의 손에서 나오는 떡이었다. 그런데 예수님은 자신을 하늘에서 내려온 살아 있는 떡이라고 하시며 자신을 먹으라고 하신다. 그들은 이해되지 않고 관심도 없는 영적인 말씀만 하시는 예수님에게 실망하기 시작했다. 그래서 예수님을 하나둘 떠나가기 시작했다. 예수님은 그 떠나가는 사람들의 뒷모습을 보시며 자신의 열두 제자들에게 질문하셨다.

"너희도 가려느냐"

그때 베드로가 대답했다.

"주여 영생의 말씀이 주께 있사오니 우리가 누구에게로 가오리이까"

그래도 가겠습니다

나는 예수님께서 내게 말씀하신 '앞으로의 길이 이와 같이 힘들지라도, 너는 여전히 이 길을 가겠느냐'라는 이 질문이, 요한복음 6장의 '너희도 가려느냐'라고 제자들에게 하신 질문과 동일한 질문이라고 생각했다. 그래서 나는 베드로의 대답을 흉내 내어 대답했다.

"그럼요, 주님. 저는 그래도 이 길을 갈 겁니다. 주님이 이 길에 계시는데 제가 어디로 가겠어요"

그렇게 친절한 신학생의 도움으로 무사히 비자 연장을 하게 되었다. 그리고 이 일 후에 대만에서 비자 문제는 더 이상 우리를 괴롭히지 않았다. 왜냐하면, 내가 그 신학교의 신학대학원에 입학하게 됨으로써 너무나도 훌륭하게 해결되었기 때문이다. 내가 2달 단위로 연장해야 하는 어학원이 아니라, 1년 단위로 연장하는 신학교에 입학하여 학생비자를 얻게 되자 다른 가족들은 가족체재 비자로 1년 비자를 받게 되었던 것이었다. 그리고 신학생으로서 대만의 교회에서 실습을 하게 됨에 따라 실습비를 받게 되어 생활비도 자연스럽게 해결되었다.

대만은 기독교 복음화율이 4%이고, 불교와 도교가 95%를 차지할 정도로 복음화율이 낮은 나라이다. 하지만 그런 연유로 인해 대만교회는 더욱 복음을 지키고 확장하는 일에 간절해 한다. 대만 교회의 다른 교파 사정은 잘 알지 못하지만, 내가 속해 있던 대만 침례교회의 교회들은 신학교와 신학생들의 후원에 아주 적극적으로 참여했다. 그것은 신학교 학비와 기숙사비도 저렴할 뿐 아니라, 신학생들의 교회 실습비가 비교적 높은 액수로 정해져 있다는 것에서도 알 수 있다. 모든 신학생은 입학과 동시에 학년에 관계없이 교회 실습을 하게 되어 있었다. 그런데 신학생들의 실습비는 교회의 형편에 따르는 것이 아니라, 신학생들의 형편에 따라서 책정되었다. 그래서 신학교는 신학생들을 교회에 실습을 보낼 때, 그들의 형편에 맞는 실습비를 주는 것을 교회와 약속을 한다. 그래서 독신자일 경우는 얼마, 자녀가 없는 기혼 가정일 때는 얼마, 자녀가 있는 기혼 가정은 얼마인지가 정해져 있었다. 나는 두 명의 아이들이 있었으므로, 한국에서의 후원비보다 많은 실습비를 받을 수가 있었다. 그래서 나는 타이베이에서 가장 큰 침례교 교회인 '징메이침례교회'에서 실습을 하게 되었고, 그 교회에서의 주는 실습비로 우리 가정

그래도 가겠습니다

은 재정적인 면에서 많은 자유를 얻게 되었다.

이렇게 하여, 대만을 들어오기 전에 우리를 힘들게 했던 세 가지 문제, 즉 비자 문제, 거주 문제, 생활비 문제가 다 해결이 되었다. 누가 이런 방법을 생각이나 할 수 있었단 말인가? 주님은 여호수아 1장 9절의 말씀을 이렇게 성취하셨다.

"내가 네게 명령한 것이 아니냐. 강하고 담대하라. 두려워하지 말며 놀라지 말라. 네가 어디로 가든지, 네 하나님 여호와가 너와 함께 하느니라"

너의 대만 생활은 여기까지 이니라

물론 중국어로 신학을 공부하는 것이 쉬운 일은 아니었지만, 신학교 안에서의 우리의 생활은 여러 면에서 안정적이었다. 매일 아침 전 신학생들은 예배당에 모여 예배를 드렸고, 신학생들은 돌아가며 사회와 설교를 담당했다. 중국어로 기도하고 설교하는 훈련이 자연스럽게 이뤄졌다. 그리고 신학생들의 뜨거운 민족 복음화에 대한 열정도 보고 도전을 받으며, 대만의 더 많은 영혼이 예수님을 믿을 수 있도록 기도하였다.

그렇게 대만 신학교에서 1년이 지나자, 학교 측에서는 한 집안의 가장이 신학생일 경우는 기숙사에 더 머물 수 있지만, 부인이 신학생일 경우는 1년 밖에 기숙사에 머물 수 없

그래도 가겠습니다

다는 말을 전해 왔다. 이해가 되지 않은 요구였지만, 지금까지 살게 해 준 것만 해도 너무나 감사한 일이었기 때문에 이의를 제기할 수 없었다. 그래서 아직 중국어가 능숙하지 않은 남편이지만 신학교 입학을 도전해 보기로 했다. 남편은 신학교 입학시험을 치렀다. 1차는 필기시험이었고, 2차는 면접이었다. 남편은 1차 필기시험을 보고, 그 다음에 전 교수들 앞에서 면접시험을 보았다. 그리고 그 결과를 기다리고 있을 때, 우리에게 신학교 기숙사를 소개해 주었던 선교학 교수님이 우리를 찾아오셨다. 그 교수님은 남편이 신학교 입학시험에서 불합격 되었노라고 말씀하셨다. 공식적으로 발표가 나기 전이었는데도, 그 교수님은 우리가 안타까워 일부러 찾아오셔서 말씀해 주신 것이다. 그리고 교수님은 이런 얘기도 해 주셨다. 면접시험에서 자기는 남편에게 100점을 주었는데, 한 교수님이 0점을 주었기 때문에 불합격이 되었다는 것이다.

다른 점수가 아무리 높게 나와도, 만약에 면접에서 한 교수님이라도 0점을 준다면 불합격이 되었다. 남편에게 0점을 주었던 교수님은 우리가 무슨 이유에서인지 맘에 들지 않으셨던 것 같았다. 선교사로 와서는 대만교회에 도움을 주지는 못할망정, 오히려 도움을 받는 모양새가 맘에 들지 않아서였는지도 모르겠다. 그 교수님은 면접시험에서 남편에게 왜 선교사이면서 여기 신학교에 있냐며 핀잔 섞인 질문을 했다고 한다.

우리는 그 교수님의 말씀을 듣고 화가 났다. 어떻게 그렇게 편파적으로 면접 점수를 줄 수 있단 말인가? 중국인 선교 사역을 위해서는 먼저 사역 중국어를 배워야 했고, 신학교에서 그것을 배우고 싶다는 것을 왜 받아들이지 못하는 것이란 말인가? 우리는 이해되지 않은 입학 심사에 화가 났고, 앞으로 어떻게 해야 할지 걱정도 되었다. 특히 남편은 그 교수님에 대해 화가 많이 나 있었다. 그리고는 대만에 신학교가 여기만 있는 것이 아니니, 다른 신학교로 가겠다고 했다. 그래서 다른 신학교 입학 요강을 알아보기 시작했다.

그렇게 며칠이 지났다. 남편은 그 며칠 동안 자기에게 0점을 준 그 교수님에 대한 미움과 원망으로 마음속이 발갛게 불타올라 잠도 제대로 이루지 못했다. 그런데 남편은 기도하던 중에 주님의 음성을 들었다.

그래도 가겠습니다

"너의 대만에 생활은 여기까지이다"

주님은 우리가 이제는 대만을 떠나기를 원하시고 계신 것이다. 이제 겨우 생활의 모든 면이 안정되었고, 우리 가족은 신학교에서의 생활에 매우 만족하고 있었다. 그런데 주님은 우리를 이 안정된 곳에서 옮기시려고 하신 것이다. 하지만 주님의 뜻이 그러하다면 우리는 순종하기로 했다. 그러자 지금까지 우리를 괴롭혔던 그 교수님에 대한 미움과 원망이 눈 녹듯이 사라졌다. 그 교수님의 부당하다고 생각되는 처사는 우리를 다른 곳으로 옮기기 위해 사용된 하나님의 한 도구에 불과하다는 것을 알게 되었기 때문이다.

주님은 가끔 우리가 이해되지 않은 방법으로 우리의 길을 인도하실 때가 있다. 그 당시는 그 하나님의 계획과 인도하심을 알지 못해서, 납득하기 어려운 환경이나 사람들에게 화가 나기도 한다. 하지만 한참 지난 후에 그 일을 돌아보면, 그때의 그 인도하심은 가장 적절한 '하나님의 때'였음을 고백하지 않을 수 없다. 우리가 좀더 '모든 것이 합력하여 선을 이루게 하실 하나님'을 신뢰할 수 있다면, 우리는 이해되지 않는 문제들 앞에서 좀 더 너그러워질 수 있을 것이다. 믿음이 깊어진다는 것은 그런 하나님에 대한 믿음이 깊어진다는 의미이고 예기치 않는 상황에도 넉넉한 마음을 유지할 수 있다는 의미일 것이다. 그렇게 우리는 1년 3개월의 대만 생활을 정리하고 한국으로 돌아가는 짐을 다시 싸야만 했다.

그래도 가겠습니다

2006년 대만 신학교에 있을 때, 두 아이

제6장
———

일본 선교사가 되어

하나님, 소나기라도 내려주세요

나는 너를 항상 최선의 길로

인도했단다

로뎀 나무 아래에서

하나님, 소나기라도 내려주세요

그렇게 대만 생활을 정리하고 한국에 들어와, 남편은 그동안 미루어 두었던 목사 안수를 받았다. 그리고 친구 목사님의 소개로, 일본에 있는 디아스포라 교회의 후임 목사로 일본에 들어오게 되었다. 그렇게 우리 부부는 2007년 2월 8일에, 두 아이의 손을 잡고 다시 낯선 나라, 낯선 땅을 밟게 되었다. 그리고 나는 6개월 된 셋 째를 임신한 상태였다 .

우리가 정착하게 된 곳은, 일본에서 두 번째로 인구가 많은 요코하마 옆에 있는 야마토시라는 곳이었다. 인구가 24만의 작은 도시였지만, 동경과도 전철로 한 시간이면 갈 수 있고, 요코하마 중심지도 전철로 30분이면 도착할 수 있는 교통이 편리한 소도시였다. 그리고 섬나라 일본을 괴롭히는 가장 큰

그래도 가겠습니다

문제인 태풍이나 지진도 그렇게 많지 않아서, 여러모로 살기 좋은 곳이었다.

우리가 맡게 된 교회는 약 30명 정도의 성도가 있는 교회로, 그중에서 20명 정도는 한국인, 10명 정도는 일본인들로 구성된 교회였다. 일본어를 전혀 할 수 없었던 우리는 예배 때에도 물론이고, 교회 활동 모든 상황에서 통역이 필요했다.

우리는 물론 일본에 있는 중국인들 사역을 위해서 지금까지 준비해 오고 있었다. 하지만, 일본어와 일본문화도 배워야 했기에, 우리는 이 디아스포라 교회에서 한국인 사역을 하면서, 일본 적응기를 거치면서 만약에 가능하다면, 이 교회에 중국인들이 전도되어 사역하는 것을 꿈꾸고 있었다.

그런데 현실은 전혀 달랐다. 그 당시 교회를 구성하는 주 구성원들은, 일본의 '거품 경제 시대'에 재팬 드림을 꿈꾸며 일본에 몰려들었다가, 거품 경제 시대가 끝나고 나서도 계속해서 일본에 정착해 살고 있는 한국인들이었다.

일본의 '거품 경제 시대'란, 1985~1991년의 7년여 동안 일본의 경기가 최고의 호황을 이룰 때를 이르는 말이다. 그러나 그 경기 호황이 부동산이나 주식의 시가 자산가치가 투자에 의해 경제성장 이상의 속도로 높아져서, 실제 경제와는 다른 거품과 같은 호황이었다. 결국 이 거품이 걷히고 나자, 일본 경기는 급격히 하락하게 되었다. 일본의 경기가 호황일 때는 술집도 호황을 이루었고, 한국인 여성이 접대하는 술집도 많이 생기게 되었다. 그래서 한국에서 많은 여성이 술집 접대부로, 또는 한국식당에서 일하기 위해 일본에 오게 되었다. 목욕탕 때밀이 일을 하시는 분들도 많았다. 그러다가 일본의 거품 경제 시대가 끝나자 일본 경기는 침체에 빠지게 되고 술집들도 많이 문을 닫았다. 하지만 일본에 계속해서 남기를 원하는 분들은 거주 비자를 얻기 위해 일본 남성과 결혼을 하여 비자를 얻거나, 그냥 무비자로 숨어 지내기도 했다. 이렇게 생활이 안정되지 않으니 온전한 가정을 이루지 못하신 분들도 많았고, 같은 한국인들 사이에서도 돈문제로 많은 갈등이 있었다. 그래서 술 중독이나 파친코 중독인 분들도 많았다. 이런 사회 분위기에 따라 우리 교회 구성원도 이런 분들이 많았다. 교회 활동에서 요직을 담당하고 있는 분들 가운데도 비자가 없이 불법 거주하시는 분들도 있었다.

그래도 가겠습니다

이렇게 일본은 우리가 지금까지 경험했던 한국, 그리고 중국이나 대만과는 전혀 달랐다. 게다가 우리는 아무런 준비도 없이 디아스포라 교회의 담임목사직을 맡게 된 것이다. 우리는 너무나 다른 환경에 어찌해야 할지를 알지 못하고, 환경에 휩쓸려 우왕좌왕할 뿐이었다. 성도들도 일본어랑 일본 상황에 대해 전혀 알지 못하는 신출내기 목사의 목회가, 전임 목사님의 목회와 비교하면서 적응하기 어려워 했다. 이렇게 목회자인 우리와 성도들과의 괴리는 깊어져만 가고 교회는 점점 힘들어져 갔다.

나는 말도 통하지 않은 새로운 나라에 적응하랴, 새로운 교회에 적응하랴, 임신한 채로 두 아이 돌보랴 몸과 마음은 힘들고 바쁘기만 했다. 게다가 내 몸은 조기 유산의 위험이 있어서 병원에 입원까지 해야만 했다. 이런 상황 속에서 나는 그 뜨거웠던 선교 열정은 한순간에 사라지고, 영혼은 피폐해져만 갔다. 그래서 나는 주님께 부르짖었다.

"주님, 소나기의 은혜를 부어주세요"

한여름 땡볕에 풀과 나무도 시들고, 사람들도 기력이 없을 때, 한 차례 쏟아져 내린 소나기는 그야말로 반가운 소식이 아니던가. 나는 어차피 이 사명의 길이 힘들다는 것도 알고 있었다. 그래도 이 길을 가겠노라고 주님께 약속하지 않았던가. 하지만 마치 여름 땡볕에 시든 풀과 같은 나에게는 잠깐만이라도 쉴 수 있는 소나기 은혜가 너무나도 절실했다.

"주님, 소나기의 은혜를 내려주세요. 그럼 잠시 쉬었다가 다시 이 땡볕 밑이라도 걸어갈게요"

그때 하나님은 정말 소나기의 은혜를 내려주셨다. 우리와 같이 예수전도단의 예수제자훈련(DTS)을 받은 분 중에, 교회를 개척하신 목사님이 계셨다. 그 목사님은 DTS훈련을 받으신 후에 전라남도 광주에 '면류관교회'라는 교회를 개척하셨다. 그런데 그 목사님은 하나님께 교회가 개척할 때부터 선교하라는 명령을 받았다. 그래서 개척할 때부터 매년 단기 선교를 다니며 선교사님들을 후원해 오셨다. 면류관교회는 우리가 중국으로 처음 선교를 나갈 때부터 물심양면으로 우리를 후원해 주셨다. 그런데 그 교회 목사님과 성도분들이 우리 교회로 단기선교를 오신 것이다.

면류관교회 단기 선교팀은 어떤 이벤트성 행사를 하지 않았다. 그들은 매일 일본과 우리 교회를 축복하며 예배를 드렸고, 우리와 교제하는 것에 집중했다. 그들과 함께 드리는 예배에는 은혜가 있었고, 위로가 있었다. 그들은 우리 부부에게 맛있는 음식을 먹이고, 우리 아이들과 함께 놀아주었다. 우리의 이야기에 귀를 기울여 주었다. 우리는 그들의 섬김에 많은 위로와 은혜를 입게 되었다. 우리에게 꼭 필요한 한여름 소나기와 같은 은혜였다.

단기선교에는 여러 가지 형태가 있을 수 있다. 선교지의 상황과 현지 선교사의 필요가 다르고, 단기 선교팀이 가진 재원도 각기 다르기 때문이다. 그리고 그때마다 주님이 주시는 마음도 다를 것이다. 어떤 팀은 선교지의 영적 전쟁을 위한 중보기도에 집중하는 팀도 있을 것이고, 한류의 인기에 맞춰 콘서트를 열어 사람들에게 현지교회를 소개하고, 인도하는 단기선교도 있을 것이다. 아니면 특수하게 의료 선교, 미용 선교 같은 단기선교도 있다. 하지만 광주 면류관 교회의 단기 선교팀과 같이 선교사를 위로하는 사역도 꼭 필요한 사역이다. 선교팀은 짧은 시간 왔다가 갈지라도, 팍팍한 선교지에 남아서 계속 선교 사역을 감당해야 하는 것은 현지 선교사이다. 그래서 선교사가 힘을 얻고, 다시 일어서서 그 일을 감당하도록 위로하고 격려하는 일은 단기 선교팀이 해야만 하는 중요한 사역이 될 것이다.

아무튼, 그들의 소나기 은혜에 다시 힘을 냈다. 응차, 다시 일어나 볼까 하는, 다시 땡볕 아래에 서 볼 용기가 생겨났다. 고마워요, 그대들이여.

나는 너를 항상 최선의 길로 인도했단다

교회에서는 계속해서 크고 작은 일들이 일어났고 우리 부부는 그것을 감당하기에 버거워했다. 그러던 중, 한 선배 선교사님께서 우리를 초대하셨다. 공기 좋고 풍경 좋은 곳에서 잠시 쉬었다 가라는 것이었다. 우리는 너무나도 반갑게 그 초대에 응하여 선교사님이 사역하시는 곳에 갔다. 비록 1박 2일의 짧은 일정이었지만 충분한 휴식이 된 여행이었다. 그 교회 성도님께서는 맛있는 고기를 대접해 주셨고, 서로의 사정을 아는 사람들과 오랜만에 이야기꽃을 피우기도 했다. 그리고 우리는 그다음 날 우리의 사역지로 다시 돌아왔다.

그리고 며칠 후, 나는 일상으로 돌아와 교회 주방에서 설거지를 하고 있었다. 설거지를 하면서 며칠 전에 갔었던 선배 선교사님 댁에서의 일들을 생각하고 있었다. 그분들도 우리처럼 디아스포라 한국인 사역을 주로 하고 계셨는데 우리와는 많이 달라 보였다. 그 교회 성도분들은 선교사님을 극진히 섬겨 주는 것처럼 보였고, 그 선교사님들은 참 평안하고 즐겁게 목회를 하고 계신 것 같이 느껴졌다. 그러자 갑자기 우리의 형편과 비교가 되면서 서글프다는 생각이 들었다.

"왜 우리는 이렇게 목회가 힘들까? 왜 우리 교회는 문제가 끊이지 않을까? 왜 우리의 형편은 이렇게 힘들까?"

이렇게 '왜 우리는'으로 시작되는 신세 한탄은 점점 더 확대되어 가더니 결국은 '왜 나는 가난한 집에 태어났을까'에 이르렀다.

남과 비교하여 자기를 불행하다고 결정해 버리는 이런 부정적인 생각은 절대 그냥 두어서는 안 된다. 그 생각은 생각하면 할수록 가지를 쳐서, 나를 더 어두운 구렁 속으로 밀어넣기 때문이다. 이런 생각이 들 때면, 우리는 즉시 예수님의 이름으로 떠나가도록 물리쳐야 한다. 결국 이런 생각들은 우리를 낙심케 하는 사탄의 음성이기 때문이다. 하지만 그때의 나는 그 생각들을 물리치지 않았고, 나를 갉아먹는 그 부정적인 생각들은 점점 더 넓게, 점점 더 깊게 그 세력을 확장해

그래도 가겠습니다

갔다. 그리고 나는 오히려 그런 부정적인 생각을 즐기기까지 했다. 부정적인 생각이 더 부정적인 생각을 낳았다. 그러더니 어느새, 비참함과 슬픔이 내 마음을 완전히 차지해 버렸다. 그리고는 내 인생은 온통 어두움 뿐이었고, 나는 실패한 사람이라고 스스로를 확정해 버렸다.

나는 설거지를 하다 말고 예배당에 엎드려 울며 기도를 했다.

"하나님, 내 인생은 왜 이렇게 슬퍼요? 앞으로도 달라지지 않을 것 같아요"

한참을 울다가 더는 할 말이 없어서 멍하니 앉아 있었다. 그러자 마음속에서 주님의 음성이 들렸다.

"딸아, 나는 너를 항상 최선의 길로 인도했단다. 그런데 네가 그것을 슬퍼한다면, 나의 원수들은 나를 비웃을 것이다"

주님의 이 말씀은, 내게 망치로 머리를 세게 얻어 맞은 것과 같은 충격을 주었다. 주님은 조금 전까지 내가 불행이라고 생각했던 지금까지의 모든 시간을 최선의 인도하심이라고 말씀하셨다. 내가 가난한 농부의 딸로 태어난 것, 신앙생활에 여러 가지 어려움이 있었던 것, 가난한 사역자와 결혼한 것, 선교사가 되어 겪는 여러 가지 어려움들. 나는 불행이라고 생각했던 것들을 주님은 최선의 인도하심이라고 말씀하셨다.

나는 주님의 이 충격적인 말씀에 내 생각을 다시 점검해 보았다. 나는 지금까지 내가 생각하기에 밝고 좋은 것만이 내 인생의 최선이고 축복이라고 생각하고 있었던 것인가. 그래서 비교적 힘든 일들이 많았던 나의 과거는 주님의 인도하심도 없는 인생이었고, 최선의 길도 아니라고 생각했었던 것인가. 하지만 주님은 나를 항상 최선의 길로 인도하셨다고 하셨다. 그 최선은 다른 사람과 비교해서 최선이 아니라, 나에게 맞는 최선의 길이었다. 그렇게 생각을 하고 보니, 나는 다른 사람들이 경험해 보지 못한 많은 영적인 일들을 경험하지 않았던가. 힘들었던 생활이었기에 주님만 찾고 구할 수 있지 않았던가. 이런 것들이 물질적인 평안과 풍요보다 훨씬 나를 복되게 하지 않았던가. 나는 내가 지금까지 얼마나 세상적인 기준으로 내 인생을 생각해 왔는가를 알게 되었다. 전혀 성경적이지 못한 생각들이었고, 전혀 영적이지 않은 판단 기준을 가지고 있었던 것이다.

그래도 가겠습니다

내가 충격을 받았던 두 번째 것은, 나의 나쁜 생각 때문에 주님이 슬퍼하신다는 것이다. 내가 나의 현재의 삶에 만족하지 않고 불만족을 가지는 것 때문에, 사탄이 주님을 비웃는다는 것이다. 선교가 주님을 기쁘시게 하는 것이라고 자원하여 선교사로 왔건만, 왜 나는 이 부르심에 만족하고 감격하지 않았을까? 물론 가끔은 감사할 때도 감격할 때도 있었다. 하지만 나는 선교사로서의 나의 삶을 항상 감사해야 했다. 주님의 최선의 예비하심이었으므로.

나의 나쁜 생각들 때문에 원수가 하나님을 비웃는다는 말씀을 듣자, 욥기의 말씀이 생각이 났다. 욥기 2장에는 하나님이 욥의 믿음을 칭찬하자, 사탄이 욥에 대해서 참소하는 장면이 나온다. 사탄은 하나님께 말한다. 욥이 그렇게 하나님을 온전하고 정직하게 경외하는 것은 하나님께서 그에게 축복하시기 때문이라고 말한다. 그러자 하나님은 사탄에게 욥의 목숨만은 건들지 말되 그를 테스트해보라고 허락하신다. 그때부터 욥의 시련은 시작되었다. 먼저 재산을 다 잃게 되고, 자녀들도 모두 죽게 되었다. 하나님은 다시 사탄 앞에서 욥의 신앙을 칭찬한다. 그러자 사탄은 그의 건강을 치신다면 분명히 하나님을 원망하게 될 것이라고 말한다. 그러자 이번에도 하나님은 사탄으로 하여금 욥을 테스트하도록 허락하신다. 그래서 욥의 온몸에는 종기가 나서 심한 가려움증을 겪게 된다. 욥은 재를 뒤집어 쓰고 기와 조각으로 몸을 긁으면서도 하나님을 마지막까지 원망하지 않는다. 그는 끝까지 그 입술을 더럽히지 않았다.

하지만 나는 그렇지 못했다. 나는 하나님이 인도하신 내 인생을 만족해하지 못했고, 입으로 불평을 쏟아 놓았다. 만약 욥기서에서와 같이, 사탄이 하나님 앞에 서 있었다면 사탄은 하나님을 비웃었을 것이다. 당신이 최선의 길로 인도한 당신의 자녀가 지금 감사하기는커녕 불평하고 슬퍼서 울고 있노라고 말이다. 뒤늦은 후회가 밀려왔다. 나의 불신앙과 어리석음이 깨달아졌다. 하나님께 너무나 죄송했다.

내가 만약 천국에 가서 하나님 앞에서 나의 삶을 결산할 때, 나는 무슨 공로나 열매를 주님께 드릴 수 있을까? 나를 구원해주신 하나님 앞에 나는 무엇을 바칠 수 있단 말인가? 여러 가지 시련 중에서라도 나의 믿음을 지켰노라고 그 믿음의 열매를 주님께 드려야 하지 않겠는가? 매일 매일의 삶에서 주님의 마음을 시원케 하는 믿음의 열매를 주님께 드려야 했는데 나는 그러지 못하고 있었다. 하나님, 죄송해요. 하나님, 죄송해요. 나는 회개의 눈물만 주님께 지겹도록 드렸다.

로뎀 나무 아래에서

그런 은혜 가운데서도 교회 상황은 점점 어려워지고, 이에 따라 교회 재정도 어려워졌다. 그러다가 결국 교회 임대료를 내는 일조차 어려워지자, 우리는 좀 더 싼 교회 임대료를 위해 야마토시에서 차로 약 30분 정도 떨어진 아쓰기시로 이사를 하게 되었다.

새롭게 이전하게 된 교회는 본래, 침례식을 할 만한 강가를 찾다가 알게 된 남미 브라질과 아르헨티나 계열의 사람들이 모여서 예배드리던 곳이었다. 외부인들에 대해 경계가 심한 일본에서, 많은 사람이 일시에 모이는 예배 처소를 외국인들이 얻는다는 것은 쉬운 일이 아니었다. 그들도 예배 처소를 얻기 위해 이곳저곳을 헤매고 다니다가, 한 일본인 크

그래도 가겠습니다

리스천을 알게 되었는데, 그가 가지고 있던 창고를 그들의 집회 장소로 쓰도록 무료로 제공해 주었다. 그 교회의 형제 자매들은 자기들의 힘으로 창고를 개조하여, 수도와 전기 시설도 설치하고, 화장실도 만들어서 예배를 드리고 있었다. 그런데 그들도 점점 모이는 숫자가 많아지자 더 넓은 곳으로 옮겨야만 했다. 그래서 그곳에 우리 교회가 들어가게 되었다.

새로운 예배당은 2층 구조로 되어 있었는데, 2층에 방이 2개 있었다. 그래서 방 하나는 사무실로, 하나는 우리 가족이 머무는 방으로 사용했다. 본래 남미 계통의 교회가 그곳을 쓸 때는 무료로 쓰고 있었다. 그런데 우리가 그곳으로 가려고 하게 되니 주인은 갑자기 자기 사정이 좋지 않다며 우리에게 임대료를 요구했다. 그러다가 몇 달 후에는 그 건물이 다른 사람들에게 넘어가게 되면서 더 많은 임대료를 내야만 했다. 게다가 그곳은 사람이 살 수 있는 거주 가능한 건물이 아니었다. 그래서 우리 가족의 거주 주소지를 건물 주인의 친구 집 주소로 등록할 수 밖에 없었다.

그뿐만 아니었다. 아무리 외관은 그럴듯하게 꾸며 놓았

다고 한들, 본래 창고로 쓰였던 곳이라, 건물 지반공사가 제대로 되어 있지 않았다. 비가 많이 오는 일본 날씨 때문에 늘 바닥이 꿉꿉한 상태였다. 그래서인지 바퀴벌레가 너무 많았다. 우리가 바퀴벌레 퇴치를 위해 약을 뿌려 놓았더니, 98마리의 바퀴벌레가 죽어 있었다. 그리고 화장실에서는 샤워는 할 수 있지만, 화장실 바닥이 잘 되어 있지 않아서 물이 잘 빠지지 않았다. 그래서 샤워라도 하고 나면 바닥에 고여있는 물을 쓰레받기를 이용해서 퍼서 변기통에 버리고 선풍기를 틀어 바닥을 말려야만 했다.

이렇게 새로운 예배당은 열악한 환경이었지만, 우리는 그곳에서 많은 은혜를 누렸다. 그 예배당 바로 앞에는 운동장이 있었고, 그 옆에는 강이 흐르고 있었다. 막힌 곳이 없이 확 트인 그곳은 산책하기에 좋았다. 그리고 축구를 좋아하는 큰아들은 매일 운동장에 가서 공을 찰 수 있었다. 또한 예배당이 마룻바닥으로 되어있어서, 우리는 마룻바닥 위에 방석을 깔고 기도하다가, 피곤하면 누워 쉬기도 했다.

교회가 이전하기로 할 때 같이 가기로 한 성도들은 거리

그래도 가겠습니다

가 멀어서인지, 한 사람 한 사람 나오지 않게 되더니, 결국은 재일교포 할머니 성도님 한 분만 남게 되었다. 성도가 적어지자, 우리는 개인기도 시간과 아이들과의 시간을 많이 가질 수 있었다. 지금에 와서 그때를 돌이켜 보니, 그곳은 어쩌면 지친 우리를 위해 주께서 예비하신 로뎀나무 아래였던 것 같았다.

제7장

중보기도자가 되어

노숙자들과의 만남

나는 예수님의 제자이며 친구입니다

시라토리 형제님 이야기

M 자매의 이야기

너는 이 일이 될 것을 믿으며 기도하느냐,

믿지 않으며 기도하느냐

노숙자들과의 만남

크리스마스를 이 주일 앞둔 어느 날이었다. 외출을 하고 집에 돌아온 남편이 나에게 이런 말을 했다.

"여보, 크리스마스도 다가오는데, 노숙자들을 위해 식사 한 끼를 대접하면 어떨까?"

남편은 집으로 돌아오는 길에 추운 겨울 공원 벤치에 누워 잠들어 있는 노숙자를 보았다. 그래서 그들에게 따뜻한 밥 한 그릇이라도 대접해 주고 싶은 생각이 들었던 것이다. 나는 흔 쾌히 찬성을 했다. 그래서 우리는 될 수 있으면 많은 노숙자에게 따뜻한 식사를 대접하고 싶어서, 무료 급식을 한다는 글을 쓴 엽서와 전도지를 가지고 노숙자들을 찾아 나섰다.

노숙자들은 사람들의 눈을 피해, 낮에는 여기저기 돌아다니다가, 밤이 되면 공원의 벤치라든가, 지하도로 돌아와 종이박스나 신문을 깔고 잠을 청하고 있었다. 그리고 어떤 노숙자들은 강변의 버려진 배라든가, 버려진 자동차 안에서 생활을 하는 노숙자들도 있었다. 우리는 저녁 시간을 이용해서 일주일 정도, 약간의 음식과 전도지, 그리고 무료 급식을 알리는 전단지를 들고 그들을 찾아 나섰다. 대충 숫자를 헤아려 보니 50명 정도가 되었다. 인구 24만 명 정도의 작은 소도시였는데, 의외로 노숙자들이 많았다. 아마도 그곳이 강도 있어서 노숙자들이 지내기 좋은 환경이었는지도 모르겠다.

그리고 드디어 무료 급식의 날이 되었다. 우리는 약 50인분의 소고기 덮밥과 일본 된장국, 그리고 깍두기와 후식으로 귤을 준비해서 약속된 시간에 공원으로 갔다. 우리 가족 5명과 일본인 성도 한 분, 이렇게 6명은 공원에 도착해서 역할 분담을 나눴다. 노숙자가 와서 빈 도시락 통을 들면, 남편은 밥을 담아 주고, 나는 소고기 볶음을 담아 주고, 한 일본인 성도는 깍두기를 담아 주고, 아이들은 나무 젓가락과 귤을 나눠주기로 했다.

그런데 시간이 되었는데도 아무도 오지 않았다. 그러다가 한참이 지나자 본래 그 공원 벤치에서 잠을 자던 세 명의 노숙자들이 왔고, 우리는 그들에게 밥을 나눠주었다. 50명분의 식사를 준비했는데 세 명만 먹은 것이다. 나머지는 고스란히 교회로 가져와 우리끼리 늦은 점심을 먹었다.

집에 돌아와 우리 부부는 이 일에 대해 이야기를 나눴다. 한국에서는 노숙자들 무료 급식을 준다고 하면, 사람들이 몰려오던데, 왜 여기는 세 명 밖에 안 온 거지? 일본 노숙자들은 음식을 제공 받는 곳이 따로 있나? 아니면 우리가 외국인이라서 싫었나? 여러 가지 이유에 대해서 생각해 보았지만 답은 알 수가 없었다. 하지만 이것은 우리에게 또 다른 문화 충격이었다.

일본인들은 가족 중심의 한국인들에 비하면, 개인주의가 강하다. 그래서 다른 사람의 일에 별로 관심이 없다. 가족들 사이에서도 별반 다르지 않다. 섹스리스 부부가 많고, 처음부터 방을 따로 쓰는 부부도 많다. 자녀들이 고등학교를 졸업하면 부모로부터의 재정적인 지원을 받지 못하는 경우가 많다. 그래서 일본의 대학생들은 많은 경우 학자금 대출을 받아 졸업 후 취직을 해서 스스로 갚아간다. 그리고 대부분의 대학생들은 특별한 경우를 제외하고는 아르바이트를 해

그래도 가겠습니다

서 자기 생활비를 번다. 물론 한국에서도 이렇게 자기 힘으로 학비와 생활비를 충당하는 학생들도 많이 있지만, 일본은 대학생이 되면 부모를 의존하지 않고 스스로 독립하는 것을 당연하게 생각한다.

내가 대학을 졸업하고 일 년간 중국에서 언어연수를 할 때가 있었다. 중국에는 여러 나라에서 중국어를 배우기 위해 유학을 왔다. 그 중에서 가장 많은 유학생이 바로 일본과 한국 유학생들이었다. 그런데 한국 유학생들의 대부분은 부모님이 학비와 생활비를 대주는 것에 비해, 일본 유학생의 대부분은 자기들이 아르바이트 한 돈으로 유학을 왔다. 그래서 일본 유학생들은 방학이 되면 일본으로 돌아가 아르바이트를 해서 번 돈으로 다음 학기를 등록하는 것을 보고 많이 놀랐던 일이 생각이 난다.

또한 일본은 가족 간에 문제가 생기면, 너무나도 쉽게 가족의 인연을 끊고 남남이 되어 살아가는 것 같다. 이런 개인주의 성향 때문에, 일본인들은 다른 사람을 돕는 일에도 소극적이며, 다른 사람에게 도움을 받는 것도 창피한 일로 받아들인다. 한국 사람들은 자기 자녀들에게 어렸을 때부터, 다른 사람들에게 지지 말라든가, 꼭 일등을 하라는 것을 강

조한다. 그런데 일본인들은 자기 아이들에게, 절대 남에게 피해를 주어서는 안 된다 라는 것을 가장 먼저 가르친다.

그런데 이런 일본인 특유의 기질은 노숙자들에게도 있는 것 같았다. 서로 어떤 관계를 맺지 않은 상황에서, 모르는 사람에게서 공짜로 도움을 받는 것을 싫어했다. 어떤 노숙자에게 내가 직접 만든 도시락을 주었더니, "내가 왜 이것을 받아야 하느냐"며 거부를 했다.

이 일은 우리 부부에게 한국과 일본의 다름을 확연하게 인식시켜 주는 사건이 되었다. 그리고 약간의 오기도 생겨났다. 만약 그들이 오지 않는다면, 우리가 가면 되지 않겠는가. 우리는 그때부터 우리가 지정한 곳에 그들을 모이라고 할 것이 아니라, 우리가 도시락을 싸서 그들을 찾아 나서기로 했다. 앞서 말한 바와 같이, 우리의 도시락을 거부하는 노숙자들도 있었다. 하지만 우리는 매주 한 번씩 도시락을 20개 정도 싸서 그들을 찾아가 안부를 물었고, 도시락을 건넸다. 그때 우리 막내가 아직 3살도 안된 어린아이였기 때문에 막내 아들을 안고 다니며 도시락을 나눴다. 다른 사람들과의 접촉을 싫어하던 노숙자들도, 방긋방긋 잘 웃는 우리 막내를 보

그래도 가겠습니다

노숙자 사역을 위해 만든 도시락

면 함께 웃었다. 그리고 우리에 대한 경계를 서서히 풀었고, 우리가 건네는 도시락도 잘 받게 되었다. 우리 막내가 그들의 마음을 여는데, 아주 큰 역할을 했었다. 강가의 차가운 겨울바람을 맞으면서도 우리는 계속해서 그들을 찾아갔다.

그들과 만남이 많아지면서, 그들은 점점 우리에게 마음의 빗장을 열기 시작했고 그들의 이야기를 들려주었다. 세계 어디에도 노숙자는 있다. 하지만 일본에서는 깨어진 가정, 무책임한 가족, 같은 회사의 동료일지라도 서로의 일에 간섭하려 하지 않는 무관심이 더욱 노숙자들을 거리로 내몰고 있었다. 그들 대부분은 가족들에게 버림을 받은 자들이었다. 어떤 노숙자는 자기 친딸이 같은 도시에 결혼하여 살고 있다고 했다. 그리고 그들의 대부분은 몇 번의 형무소 경험과 자살을 시도한 경험을 가지고 있었다.

그들의 이야기를 듣고 돌아오면, 나는 그들의 어두운 과거의 이야기 때문에 내 마음도 어두워졌다. 그들은 왜 그렇게 비참한 인생을 살 수밖에 없는 걸까? 하나님께서 인간을 만들고 이 땅에 보내실 때는, 너무나도 존귀하고, 지혜로운 최고의 걸작품으로 만들어 주셨는데, 왜 이렇게까지 망가지

그래도 가겠습니다

일본 노숙자 할머니
자기 옷을 넣은 비닐봉지 안에는 공원에 있는 들고양이가 들어있다.
비라도 맞을까 우산까지 씌워놓았다.

고 말았단 말인가? 왜 이렇게 일본 사회는 자기 가족을 귀하게 여기지 않는단 말인가?

그때마다 나는 예배당 마룻바닥에 엎드렸다. 주님, 왜 이렇게밖에 살 수 없을까요? 왜 그들은 자신의 삶을 포기하고 살 수밖에 없는 걸까요? 죄로 인해 망가져 버린 하나님의 최고의 걸작품에 대한 안타까움과 이 세상 사람들의 이기심과 죄악에 대한 분노로 마음이 아팠다. 그리고 어두워진 내 마음을 회복시켜 주시길 주님께 기도했다.

그래도 가겠습니다

나는 예수님의 제자이며 친구입니다

　우리가 아쯔기에서 사역할 때, 하나님께서 성도분들을 보내주셨지만, 대부분 노숙자거나 정신질환을 앓고 있는 분들이었다. 그분들이 변화되기 전에는 정신적으로, 정서적으로 늘 불안정하여 예배에 정기적으로 출석하지 못할 때가 많았다. 그리고 조금 좋아지는가 싶으면, 다시 원래 대로 돌아간다거나 더 나빠지기도 했다. 그것은 우리 부부를 참으로 낙심케 했다. 그런데 무엇보다 우리를 가장 힘들게 했던 부분은 경제적인 어려움이었다. 세 아이를 양육하며, 교회를 이끌어 가기에는 한국에서 보내오는 선교비가 턱없이 부족했기 때문이다. 전기가 끊길 때도, 수도가 끊긴 적도 많았다. 집에 쌀도 밀가루도 다 떨어질 때도 있었다. 그러다가 가끔 소나기 같은 은혜가 부어지면, 겨우 한숨 돌리는 상황이 반복되었다.

이런 상황이 되자, 선교사로 일본에 와서 내가 뭘 하고 있나 하는 자괴감이 들었다. 나는 선교사라고 하면, 현지 사람들과 현지교회에 넉넉히 나눠주고 베푸는 사역을 하는 사람이라고 생각해 왔다. 물론 주신 은혜에 따라서, 노숙자 사역을 하고는 있었지만, 우리 형편은 '집 있는 노숙자'와 별반 다름이 없었다. 이렇게 아무런 성과도 없이 일본에 있는 것이 무슨 의미가 있나 하는 생각이 들기도 했다. 나는 우울해졌고, 생기가 없어졌다.

그런 생각이 들 때마다 나는 시시때때로 주님 앞에 기도할 수밖에 없었다. 현실적인 문제들을 위해서도 기도했지만, 나의 이 마음을 다잡게 해달라고 기도했다. 그러던 어느 날은 정말 힘이 들어 이제 더 이상 선교사로서 이곳에 있지 못할 것 같았다. 그래서 주님께 이렇게 기도했다.

"주님, 더 이상은 못 하겠어요. 한국에 돌아가고 싶어요. 한국에 돌아가서 시골 목회라도 하면 안 될까요? 돌아갈 길을 열어 주세요. 돌아갈 비행기 표를 주세요"

그러자 주님의 음성이 들려왔다.

"얘야, 인내해라. 나도 이 땅에 있을 때 인내 했단다. 너는

그래도 가겠습니다

내 제자이지 않니?"

예수님이 나를 자신의 제자라고 말씀해 주셨다. 선생이신 예수님이 이 땅에서 사역하실 때, 많은 일에 인내하셨던 것처럼, 예수님은 제자인 나에게도 인내하라고 말씀하신 것이었다. 제자는 선생이 하는 것을 그대로 따라 하는 자를 말한다. 나는 예수님의 이 말씀에 너무나 감격했다. 물론 내 입으로는 "나는 예수님의 제자입니다"라고 고백한 적은 있지만, 예수님으로부터 직접 "너는 내 제자이지 않니?"라고 인정을 받은 적은 없었다. 나는 예수님의 그 인정에 감격하며, 예수님이 원하신다면 더 남겠노라고 다짐했다.

하지만, 그 후에도 나쁜 상황은 여전히 변함이 없이 더 심해져 갔다. 계속해서 재정 문제는 우리 생활을 압박해 왔다. 그래서 한국에 있는 가족들에게 도움을 요청하기도 했다. 그럴 때마다, 나는 마음속으로는 나를 책망했다.

"아니, 나는 하나님이 채우실 것을 믿고 나간 선교사가 아니던가. 그런데 고난을 믿음으로 이겨내지 못하고 한국의 가족들에게 손을 벌리다니. 선교사는 자기 목숨도 바치는 사람 아냐? 그런데 살려고 이렇게 비겁해져야 하는 거야"

하지만 아이들이 먹을 것이 없어 힘들어 하는 것을 보는 것은 너무나도 힘든 일이었다. 나의 자괴감은 더 깊어져 갔다. 그러다가 어느 날은, 사탄이 '너는 실패한 선교사야'라며 비웃는 웃음소리까지 들려왔다. 나는 숨 쉬는 것마저 힘들게 느껴졌다. 영적인 전쟁에서 나는 막무가내로 당하고만 있었다. 그래서 다시 예배당 마룻바닥에 엎드려 울었다.

"주님, 죄송해요. 정말 저는 실패한 선교사인가 봐요. 주님께 드릴 사역의 열매는 하나도 없고, 이렇게 사탄에게 얻어맞고만 있어요"

그렇게 한참을 울며 기도하고 있다가, 감정이 가라앉자 가만히 묵상기도를 하고 있었다. 그러자 요한복음 15장 14-15절 말씀이 기억났다.

> "너희는 내가 명하는 대로 행하면 곧 나의 친구라. 이제부터는 너희를 종이라 하지 아니하리니 종은 주인이 하는 것을 알지 못함이라. 너희를 친구라 하였노니 내가 내 아버지께 들은 것을 다 너희에게 알게 하였음이라"

그리고 주님의 음성이 들렸다.

그래도 가겠습니다

"나는 너를 종으로 부르지 않고, 친구로 불렀노라. 종은 성과를 내어야만 주인을 기쁘게 하지만, 너는 내 친구이니, 너는 나의 마음을 나누는 자가 되라"

나는 내 기준으로 아무런 성과가 없기 때문에, 실패한 선교사라고 생각했었다. 그리고 많은 성과를 내야만 훌륭한 선교사라고 생각하고 있었다. 하지만 나의 사랑하는 주님은 주인의 명령에 순종만 하는 종으로서 나를 일본에 보낸 것이 아니었다. 주님은 주님의 마음을 알아주고, 또한 내 마음을 주님께 나눠 주는 친구로서 이 땅에 있기를 원하고 계셨던 것이었다. 주님과 함께 주님의 상한 마음을 가지고, 일본 영혼들을 위해 울어 줄 친구가 필요했던 것이었다. 아아, 나의 정체성은 실패한 선교사가 아니었다. 나의 정체성은 바로, 예수님의 제자이자, 예수님의 친구이었던 것이다.

이런 주님의 격려하심으로 나는 다시 주님이 부르시는 곳에 남기로 했다. 일본 영혼을 위해 우는 자로 남기로 했다. 한 사람 일본인을 대신해서 마음을 다해 하나님을 찬양하는 예배자로 일본에 남기로 했다. 보내신 곳에서 나의 꽃을 힘껏 피워보기로 했다. 그것이 나의 사랑하는 주님이 내게 원하시는 일이므로.

시라토리 형제님 이야기

　우리 부부는 노숙자들에게 도시락과 전도지를 나누어주며 교회에 오시기를 청하였다. 도시락은 먹어도 다시 배고프지만, 생명의 떡이 되신 예수님을 받아들이면 영원히 목마르지도 배고프지도 않기 때문이다. 노숙자 중에는 노숙자가 되기 전에 꽤 건실하게 살았던 분들도 계셨다. 하지만 어떤 계기로 인해 마음이 무너지게 되었고, 다시 일어서지 못한 채로 자기 인생을 자포자기해 버린 것이다. 그래서 노숙자들을 만나면서 그들에게는 당장 육의 양식인 도시락보다, 그들이 다시 일어설 수 있도록 마음과 영혼을 세워주는 것이 무엇보다도 중요함을 깨달았다. 하지만 많은 경우 좋은 결과를 맺지 못했다. 함께 성경 공부를 하던 사람 중에는, 물건을 훔치다 붙잡혀 경찰에 끌려간 분도 계시고, 다른 노숙자와의 관계 때문에 다른 곳으로 옮겨 버린 분들도 계셨다. 그러면서 자연히 우리와 멀어지게 되고, 복음을 접할 기회도 잃어버리게 되고 만다.

하지만 우리가 도시락을 전해주며 그들의 이야기에 귀를 기울이고, 복음을 전하자 몇몇 분들이 초청에 응해 교회로 더해졌다. 다른 사람들과의 접촉을 싫어하는 그들을 위해, 먼저 일대일 성경 공부부터 시작했다. 그들이 오면 먼저 같이 식사를 하면서 일상을 나누고 성경 공부를 통해 복음을 전했다. 그 중의 한 분인 시라토리(白鳥)라는 분은 열심히 일대일 성경 공부를 하였고, 침례까지 받으셨다. 잠깐 그분의 이야기를 해볼까 한다.

노숙자들에게 도시락을 나눠주고 돌아온 남편이, 오늘 처음 만난 한 노숙자에 대해 이야기를 해주었다. 교회 앞에는 '사가미 강(相模川)'이라고 하는 긴 강이 흐르고 있다. 그리고 그 강 위에는 두 개의 다리가 놓여 있었는데, 하나는 전철이 지나가는 다리이고, 또 다른 다리는 자동차가 지나가는 다리였다. 시라토리 형제님은 자동차가 지나가는 다리 밑에서 살고 있었다. 그런데 그 형제님이 숙소로 삼고 지내는 곳은, 그냥 평지에 사는 것이 아니었다. 다리를 바쳐주는 지지대와 다리 사이에 약 1미터 정도 높이의 낮고도 좁은 공간이 있는데, 그 분은 그곳에서 생활을 하시고 계셨다. 그곳은 지면에서 약 2M 정도 높이에 있어서, 줄을 타고 올라가야 했다. 그리고 그곳은 약간의 생활용품을 두고 웅크리고 잘 만한 아주 좁은 공간이었다. 남편은 시라토리 씨에게 물었다.

"왜 이렇게 불편한 곳에서 사세요? 아래에서 사시면 더 편할 텐데요."

그러자 그는 의외의 대답을 했다. 그것은 그곳이 다른 노숙자들이 쉽게 오지 못하는 곳이기 때문이라는 것이다. 노숙자들 사이에서도 다른 노숙자들의 물건이나 음식을 훔쳐 가는 노숙자들이 많이 있다는 이야기를 듣고 깜짝 놀랐다. 그도 몇 번이나 자기의 음식이나 물건을 도둑 맞은 적이 있었노라고 말이다. 그래서 누구라도 쉽게 올라올 수 없는 그곳에 살게 되었다고 하였다.

우리는 매주 그를 찾아가 도시락을 나눠주었고, 가끔은 그와 강변에 앉아서 함께 남은 도시락을 먹기도 했다. 그도 우리 막내를 보고 우리에 대한 경계를 풀었고, 드디어 성경

174   그래도 가겠습니다

공부에까지 참여하게 되었다.

　그는 60대 후반의 나이였고, 초등학교 밖에 나오지 못했음에도 불구하고 진지하게 성경 공부에 임했다. 미리 예습을 해오기도 하고, 숙제인 성경을 읽어 오기도 하였다. 그리고 그는 주일예배에도 깨끗한 옷을 입고 참석하기 시작했다. 성경 공부를 하면서 그는 달라지기 시작했다. 그는 얼굴이 밝아지기 시작했고, 우리 아이들을 위해서 과자나 과일을 사오기도 했다. 그리고 무엇보다 감동한 것은, 그가 성경 말씀에 푹 빠졌다는 것이다. 그는 주일날 교회에 와서는 일주일 동안에 그에게 일어났던 일들을 간증했다. 그는 성경 말씀과 사랑에 빠졌고, 말씀대로 살려고 했고, 그의 그런 변화들은 주변 사람들을 놀라게 했다.

　그의 고향은 일본의 가장 북쪽인 홋카이도(北海道)이다. 그의 외조부는 어떤 큰 공로를 세워서 일본 천황에게 감사패를 받은 인물이라고 했다. 일본에서 천황은 하나님과 같은 존재이므로, 천황에게서 감사패를 받았다는 것은 그야말로 가문의 큰 영광이었다. 그의 외가는 그 마을에서 영향력 있는 집이었다. 그런데 전쟁에 나갔던 그의 아버지가 전쟁이

무서워 도망을 가버려서 도망병이 되고 말았다. 천황의 감사패까지 받은 집안의 사위가 천황의 뜻을 저버리고 도망병이 되어 버린 것이다. 이것은 그 가문의 명예에 있어서 대단히 수치스러운 일이었다. 그래서 그의 외조부는 그의 딸에게 자결을 종용했고, 이제 3살 된 시라토리 형제를 두고 자살하고 말았다. 일본인들에게 가장 두려운 감정은 '죄악감'이 아닌 '수치'라는 감정이다. 그래서 수치스러운 일을 하게 되면 그들은 자결을 선택한다. 일본의 역사 속에서도 자주 이런 일들을 볼 수 있다.

그래서 그는 3살 때부터 외조부, 외조모의 손에서 자랐다. 하지만 두 분이 모두 돌아가시자, 이제 겨우 초등학교를 졸업한 그는 요코하마의 친척 집에 맡겨지게 되었다. 그는 그곳에서 고기 도매상을 하는 친척을 도와 정육점에서 일하게 되었다. 그의 친척은 그를 돌보지 않았고 그냥 일꾼의 한 명으로 대했다. 그래서 그는 어른들의 보호도 없이 이 세상을 스스로 배워가기 시작했다.

엄마, 아빠에게 사랑을 받은 추억이 전혀 없는 그에게는 엄마, 아빠에게 자기는 버림받았다는 트라우마가 있었다. 그리고 커서 어머니의 자살 원인이, 자식보다 명예를 더 중시

했던 외할아버지, 외할머니에게 있다는 사실을 알게 되고 나서는, 외조부모에 대한 미움과 원망이 그를 강하게 지배했다. 부모마저 자기를 버렸으니 이 세상에서 자기는 혼자라는 외로움, 그리고 제대로 배우지도 못하고 가진 것도 없다는 열등감은 자주 분노와 폭력의 형태로 나타나 주위 사람들을 힘들게 했다.

그는 결혼하여 2명의 아이도 있었지만, 여러 가지 이유로 여러 번 감옥에 들어갔다. 그리고 반복되는 그의 감옥행 때문에 감옥에 있을 때 그는 이혼을 당하고 말았다. 퇴소 후 그는 몇 번의 자살을 시도했지만 성공하지 못했다. 그래서 그는 죽는 것도 마음대로 되지 않는구나 하며 노숙자의 삶을 선택하게 되었던 것이다.

그는 밤이 되면 자전거를 타고 시내를 돌며 알루미늄 캔을 모으러 다녔다. 캔맥주를 좋아하는 일본 사람들 때문에 자원 쓰레기로 알루미늄 캔이 많이 나왔다. 그는 거리를 돌아다니며 휴지통을 뒤지기도 했고, 술집에서 알루미늄 캔을 받아 가기도 했다. 그래서 낮에는 밤새 모은 알루미늄 캔을 망치로 압축해서 모았다가, 일주일에 두 번 정도 그것을 자전거에 가득 실어 고물상에 가져다 팔았다. 그가 그렇게 매일같이 밤마다 성실하게 캔을 모아도 그는 겨우 일주일치의 식비밖에 벌 수 없었다.

이런 단순한 노숙자 생활을 하던 그는 우리를 만나서 성경을 배우게 되었다. 그리고 성경에 푹 빠지게 되었다. 어느 날은 다리 밑 자기 숙소에서 손전등을 비춰가며 성경을 읽다가 너무 재미있어서, 일하러 가는 것도 잊어버리고 아침이 밝아 오도록 성경을 읽었다. 하지만 그의 마음속은 돈을 벌지 못한 걱정보다는 기쁨이 가득 넘쳤다. 그리고 그가 읽은 성경 말씀은 그의 삶을 변화시키기 시작했다. 그는 매 주일에 교회에 오면 말씀이 어떻게 자신을 변화시켜 주었는지 간증을 했다.

어느 날은 그가 다른 노숙자와 말싸움 중에 뺨을 맞게 되었다. 그런데 그는 "이쪽 뺨도 있어"라며 다른 쪽 뺨을 대주었다고 한다. 성경의 '오른쪽 뺨을 맞거든 왼쪽 뺨도 내주어라'라는 말씀이 생각이 났기 때문이다. 그러자 그 주변에 모여 있던 다른 노숙자들이 놀라며, 교회를 다니더니 목사가 다 되었네 하며 감동했다고 한다. 지금까지 그는 한 대를 맞으면, 두 대 이상으로 보복하는 사람이었기 때문에 주변 노숙자들은 그의 변화에 많이 놀랄 수 밖에 없었다.

또 이런 일도 있었다. 그가 자전거에 지금까지 모은 알루미늄 캔을 산처럼 실어 놓고, 잠시 점심밥을 먹으러 자리를 비웠을 때였다. 그 앞을 지나던 중학생들이 그가 모아 놓은 알루미늄 캔 비닐 부대 자루를 다 뜯어 흩어 버렸다. 그뿐 아니었다. 자전거도 발로 밟아 망가뜨려 놓았다. 자전거는 그의 유일한 생계 수단이었다. 그런데 그것이 망가져 버렸으니 그는 더 이상 캔을 모으러 다니지 못하게 되었다. 그는 너무나 화가 났다. 그래서 그는 그 아이들의 학교를 찾아가, 그 일에 대해 선생님에게 항의했다. 학교 측에서는 그 일을 한 아이들을 불러 사과하도록 하였다.

그런데 그가 자기에게 사과하러 오는 아이들의 얼굴을 보자 성경의 한 이야기가 떠올랐다고 한다. 그것은 현장에서 간음하다가 잡힌 여인의 이야기였다.

사람들은 현장에서 간음하다 잡힌 여인에게 돌을 던져 죽이려고 했다. 그러자 예수님은 군중들을 향해 말씀하셨다.

"너희 중에 죄 없는 자가 먼저 돌로 치라"

그러자 그 군중들은 하나씩 돌을 버려두고 그 자리를 떠났다.

시라토리 형제님은 그 아이들의 얼굴을 보자, 성경의 이야기가 떠올랐다. 그리고 자기도 저 아이들 또래 적에는 나쁜 일을 많이 했던 것이 생각이 났다. 처음에는 자기를 무시하고, 자기 물건을 망가뜨린 아이들에 대해 화가 났다. 하지만 성경 말씀이 생각나자 더 이상 그들에 대해 화가 나지 않았다. 그는 집어 들었던 돌을 내려놓기로 했다. 그래서 그는 사과하는 아이들에게, 다시는 그렇게 하지 말라고 말하고 그냥 돌아왔다.

그 이야기를 들은 다른 노숙자들은, 왜 고장난 자전거라도 배상해 달라고 하지 않았느냐고 바보 같은 일을 했다고 힐난했다. 하지만 그는 그렇게 하지 않았다. 대신 하나님이 일하셨다. 이 이야기를 들은 한 자전거 수리공이 그의 자전거를 무료로 다 고쳐 주었다. 말씀의 감동에 따라 용서해 주었더니, 하나님께서 그에게 보상해 주신 것이다.

시라토리 형제에 대한 또 하나의 간증이 있다. 그는 성실히 성경 공부와 예배를 참석하였고, 드디어 예수님을 자신의 영혼의 구주와 인생의 주님으로 받아들이게 되었다. 그래서 침례를 받기로 하고 준비하고 있을 때였다. 노숙자 사역에서 얻은 첫 침례자였기에 우리 부부는 너무나도 기뻤다. 그런데 나는 어떤 일 때문에 마음이 마냥 기뻐할 수 없었다. 그것은 시라토리 형제에 대해 생각할 때마다, 마태복음 28장 18-20절의 말씀이 부담으로 다가왔기 때문이었다.

> "하늘과 땅의 모든 권세를 내게 주셨으니, 그러므로 너희는 가서 모든 족속으로 제자를 삼고, 아버지와 아들과 성령의 이름으로 침례를 주고, 내가 너희에게 명한 모든 것을 가르쳐 지키게 하라. 보라 세상 끝날까지 내가 너희와 함께 하리라"

이 말씀에서 '내가 너희에게 명한 모든 것을 가르쳐 지키게 하라'는 말씀이 부담으로 다가왔다. 시라토리 형제님에게 헌금에 대해 가르쳐야 한다는 부담이었다.

아니 어떻게 교회가 가난한 노숙자를 도와주지 못할망정, 헌금하라고 말할 수 있단 말인가? 그가 헌금하라는 말을 듣고, 교회는 가난한 자의 돈도 빼앗는 곳이구나 하며 어렵게 얻게 된 신앙을 버리는 것은 아닐까 걱정이 되기도 했다.

그래서 나는 내 마음에서 계속하여 부담으로 다가오는 이 말씀을 여러 번 무시했었다. 하지만 주님은 계속해서 이 말씀이 생각나게 하셨다. 결국 나는 주님께 두 손을 들 수 밖에 없었다. 그래서 조심히 그에게 헌금에 대해서 말했다.

"시라토리 형제님, 우리가 하나님께 헌금을 드리는 것은, 하나님의 은혜로 내가 이 수입을 얻었다는 신앙고백이요, 앞으로의 나의 필요를 하늘 아버지께서 다 채워주신다는 믿음의 고백입니다. 형편이 어려운 것을 알고 있습니다. 그러나 이왕 침례를 받기로 했으니, 경제적인 것도 주님께 맡겨 드리면 어떨까요? 조금이라도 좋으니 헌금을 하세요. 대신 제가 정말 열심히 당신의 필요가 채워지도록 기도하겠습니다."

이렇게 말을 하고 나서, 그가 이 말을 어떻게 받아 들일까 걱정이 되어, 그가 이 일로 인해 시험에 들지 않도록 해달라고 간절히 기도했다.

그런데 그가 그다음 주부터 1,000엔씩 헌금을 하기 시작했다. 그가 알루미늄 캔을 팔아서 일주일 동안 얻는 수입이 약 3,000엔에서 4,000엔 정도였다. 그런데 그가 매주 1,000엔을 헌금한 것이었다. 그의 믿음은 우리가 생각하던 것보다 더 견고한 믿음이었다. 나는 그의 결단에 감동하며

그래도 가겠습니다

주님께 감사드렸다. 그래서 나는 더 열심히 그를 위해 기도
했다.

"하늘의 아버지 하나님, 이 세상의 모든 것이 다 하나님의
것입니다. 이 세상의 모든 금은보화도 다 주님의 것입니다.
그런데 이제 하나님의 아들이 된 시라토리 형제에게는 편히
쉴 집이 없습니다. 그 형제의 아버지 되신 하나님, 시라토리
형제에게 편히 살 수 있는 집을 주세요"

그러자 놀라운 일이 일어났다. 평소에 강가를 자주 산책
하던 한 사람이 시라토리 형제님의 성실한 모습을 보고, 자
기가 보증을 서서 생활보호를 받을 수 있도록 하겠다고 했다
는 것이다. 그리고 자기 소유의 작은 아파트에 살 수 있도록
해 주었다. 물론 매달의 임대료는 정부가 지불하는 생활보호
에서 나오는 돈으로 내는 것이었지만, 그는 더 이상 좁고 추
운 다리 밑에서 살지 않아도 되게 되었다. 부자이신 하나님
을 아버지로 두니, 그에게 집이 생긴 것이다.

그는 교회 예배당 안의 좁은 욕조에서 침례를 받았다. 은
혜로운 침례식이었다. 그가 물에 잠겼다가 일어섰을 때 그의
얼굴은 환하게 빛이 났다. 그리고 형형색색의 빛이 그를 둘

러쌌다. 그것은 예배당 정면에 스테인글라스 문양의 창문이 있었는데 마침 그 창문으로부터 형형색색의 빛이 들어와 물에서 올라온 그를 비추었기 때문이었다. 그야말로 영화의 한 장면 같은 아름답고 감동스런 모습이었다.

이 모습을 보며 나는 생각했다. 예수님이 침례를 받고 물 위로 올라왔을 때 성령이 비둘기처럼 임하였다고 했는데, 혹시 이런 모습이지 않았을까 하고 말이다. 그 모습을 황홀하게 바라보고 있는 나에게는 이런 하늘의 음성도 들리는 것 같았다.

"이는 나의 사랑하는 아들이요, 내 기뻐하는 자라"

고아인 그에게 아버지가 생긴 것이다. 할렐루야!

침례를 받은 후에도 그는 매주 주일 예배시간의 말씀을 진지하게 듣고 은혜를 받았다. 그러던 어느 월요일 아침, 그가 우리 부부를 찾아 왔다. 그는 떨리는 목소리로 우리에게 이런 말을 했다.

"내 부모는 나를 버렸는데, 하나님은 나를 찾아 오셨다. 내가 다리 밑에 있을 때 나를 찾아와 나를 아들 삼아 주셨다. 그것을 당신들이 나에게 알려 주었고, 나에게 선물해 준 것이다"

그래도 가겠습니다

그는 전날 주일날 들은 설교 말씀을 밤새 묵상했다고 했다. 그날 말씀은 창세기 28장에 나오는 야곱의 이야기였다.

야곱은 아버지 이삭과 형 에서를 속여 장자의 명분을 훔쳐 받았다. 그리고 화가 난 형 에서에게 죽임을 당할 것을 두려워서 외삼촌 라반의 집으로 도망을 가는 중 광야에서 밤을 보내야만 했다. 그는 하룻밤 사이에 부잣집 둘째 도련님에서 도망자의 신세가 된 것이다. 야곱은 아무것도 없는 광야에서 돌베개를 베고 누워 잠을 자야 하는 자신의 신세가 처량하게 생각되었을 것이다. 과연 외삼촌이 자기를 흔쾌히 받아 줄까, 자기가 살아서 다시 고향집으로 돌아올 수 있을까 하는 두려움도 물려왔을 것이다. 그런데 하나님이 그의 꿈 속에 나타나 그에게 동행을 약속해 주시며 축복을 약속해 주시는 것이 아닌가. 외롭고 두려워하는 야곱에게 하나님이 먼저 찾아와 주신 것이다. 그날 설교 제목은 '먼저 찾아와 우리와 동행하시는 하나님'이었다.

시라토리 형제님은 그 말씀을 들으며 자신의 형편이 도망자 야곱과 같다 라고 생각했다. 그런데 인생의 모든 것을 포기하고 노숙자로 다리 밑에 있는 자신에게 하나님이 말씀으로 자기를 찾아오신 것이다. 그는 그 사실을 깨닫고 감격했다. 그리고 아침이 되자 우리를 찾아온 것이다. 그는 떨리는 목소리로 남편의 손을 잡으며 고맙다고 했다. 그 '먼저 찾아오신 하나님'을 알게 해줘서 고맙다고 했다. 그는 말씀 속에서 찾아오신 하나님을 만난 것이다.

그래도 가겠습니다

남편과 시라토리 형제님

M 자매의 이야기

주님은 우리에게 노숙자들 뿐 아니라, 가난하고 연약한 자들도 계속 보내주셨다. 처음으로 우리 교회에 더해진 일본인은 '이시다'라는 분이었다. 그는 교회 가까이 살고 계셨는데, 교회를 보고 자기 스스로 우리를 찾아와 새벽예배에 참석하고 싶다고 하였다. 그는 사람을 칼로 찔러서 형무소에서 오랫동안 수감 된 적이 있었고, 그 후에도 사기 절도 등으로 몇 번 더 형무소에 왔다 갔다 하신 분이었다. 그는 정신과 치료 약물을 먹고 있어서 그런지 정신이 늘 몽롱한 상태였다.

그리고 알코올중독과 정신질환을 앓은 분도 교회에 오게 되었다. '사쿠마'라는 분이신데, 그는 갑작스런 사업의 실패와 이혼으로 정신적으로 큰 충격을 받으면서 정신적 이상이 오기 시작했다. 그는 환청을 듣기도 하며 몇 번의 자살 충동

그래도 가겠습니다

을 겪기도 했다. 그는 이런 정신적 혼란을 피하려고 술을 마시기 시작했고 술중독자가 되었다. 남편이 단기 선교팀과 함께 길거리에서 전도하다가 그를 만나게 되었고, 그와 일대일 성경 공부를 시작했다. 본래 대학까지 나오시고 사업을 하셨던 분이라 그런지 성경에 대한 이해가 빨랐다. 그는 혼자서 성경을 읽기도 했는데, 보통은 잘 이해하기 어려운 이사야서를 특히 좋아했다. 하지만 술에 취하면 며칠씩 연락이 되지 않고 쉽게 침체에 빠지곤 하셨다.

그리고 우리 교회에는 30대 자매인 'M 자매님'도 더해졌다. 그 자매 이야기를 여기서 조금 해보기로 하자.

우리 부부가 그 자매님과 처음 만났을 때 자매님은, 8년 전에 정신과 병원에서 '통합실조증'이라는 판단을 받아 정신과 약을 먹고 있었다. 그리고 일 년에 한두 번 정도는 정신병원에 입 퇴원을 반복해오고 있었다. 하지만 나중에 알게 된 그녀의 정확한 병명은 '해리성 장애(解離性障碍)'이며, 그중에서도 '이인성 장애(離人性障碍, 비현실감 장애)'이다. 이인성 장애는 자신이 자신의 마음과 몸에서 떨어져 있는 것 같거나, 자신이 자신의 관찰자가 된 것 같이 느껴지는 정신장애이다. 또한, 현실에 대한 인식이 되지 않아 자신이 주변 환경과 분리되는 것 같은 장애이다. 그래서 그녀는 자신이 걷고 있어도 걷고 있는 감각이 없고, 항상 공중에 떠 있는 것 같은 느낌이라고 했다. 이 병은 우울장애, 강박장애, 불안증의 증상이 함께 나타나기도 한다.

그녀가 처음 우리 교회로 왔을 때는 폭식증으로 인해 86kg의 비만 상태였다. 본래 체구가 작아서인지 자매님은 몸무게보다 더 뚱뚱해 보였다. 그녀는 무엇인가를 먹고 있으면 마음이 조금 안정되었기 때문에 항상 무엇인가를 먹고 싶어 했고, 먹을 때는 폭식을 했다. 그래서 맥도날드 같은 햄버거 가게에 가면 한 번에 8개 정도의 햄버거를 먹는다고 했다. 그뿐 아니라, 약물에 대한 중독 증세도 있었다. 물론 병원에서 처방받는 우울증과 불안한 심리상태 때문에 생긴 여러 가지 육체적인 병을 치료하기 위한 약들이었지만, 하루에 그녀가 먹는 약의 양은 꽤 많았다. 그녀는 약을 먹지 않으면 불안해했고, 몸의 조그만 이상이 있어도 약을 처방받아 먹었다.

하지만 무엇보다 그녀를 괴롭혔던 것은, 자기는 지옥에 갈 것이라는 불안이었다. 본래 기독교 가정에서 장녀로 태어

그래도 가겠습니다

난 그녀는 어렸을 때부터 교회를 다녔다. 그리고 고등학교 졸업 때까지, 주일예배와 청년회 모임에도 빠짐없이 참석하는 소위 '믿음 좋은 청년 자매님'이었다. 그리고 그녀는 교회 청소와 피아노 반주 등의 여러 가지 봉사활동도 하는 착한 자매였다. 하지만 그녀의 마음은 천국에 대한 확신이 없었고, 대학 들어가면서부터 시작된 정신적인 불안 증상으로 인해, 자신은 지옥에 갈 것이라는 불안증은 더욱 심해졌다. 그녀의 불안증은 가끔은 폭력적인 행위로 나타나기도 했다. 특히 권위적이었던 부모님에 대해 많은 불만을 가지고 있었다. 그래서 부모님과 의견이 다를 때는 자신의 생각이 옳다고 큰 소리를 지르거나 물건을 던지는 등의 폭력을 휘두르기도 했다. 부모들은 발악하는 딸을 제어하지 못해 가끔 경찰까지 부를 수밖에 없었다.

나는 그녀와 상담을 겸한 성경 공부를 하기로 했다. 그때까지의 나는 이런 정신질환을 앓는 사람을 접해 본 경험이 전혀 없었다. 하지만 주님이 보내주셨다 라고 생각하고 기도하며 용기를 내었다. 그녀는 약속을 잘 지키지 못했다. 그리고 어떤 일에 집중하지 못했기 때문에, 성경 공부가 잘 진행

되지 못하고 자기 이야기만 하고 돌아갈 때가 많았다. 그리고 집에 돌아가서도 계속 전화를 걸어왔다. 전화는 매번 똑같은 내용이었다. 그녀는 자기 열등감 이야기와 부모에 대한 분노에 대해서 말했다. 2시간에 한 번씩 전화가 왔다. 나는 그런 그녀의 전화질(?) 때문에 전화 소리에 노이로제가 걸릴 정도였다.

그뿐 아니라, 교회 오면 자주 화장실에 가서 오래 있다가 나왔다. 나중에 내가 화장실에 들어가 보면 새로 걸어놓은 화장지를 거의 다 써버리고 조금만 남아 있었다. 그때 우리는 재정적으로 많이 어려웠기 때문에, 자매의 그 습관도 참으로 곤란한 것이었다. 그리고 예배시간에는 설교 말씀에 집중하지 못하고, 자기 세계에 빠져서 종이에 무엇인가를 열심히 적었다. 그러다가 그 내용이 맘에 들지 않으면 종이를 쫙쫙 찢어댔다. 조용한 예배시간에 날카로운 종이 찢는 소리는 그야말로 귀에 거슬리는 소리였다. 그녀는 자신을 괴롭히는 여러 가지 생각에서 조금이라도 도피하려 자주 걸어 다녔다. 걷고 또 걷고, 계속해서 걸어 다녔다. 한때는 자동차로 한 시간이나 걸리는 자매님 집에서 교회까지 걸어서 왔다고 해서 우리를 깜짝 놀라게 했다.

그래도 가겠습니다

하지만 우리는 그녀와의 관계를 계속 이어갔다. 그녀가 계속해서 우리를 필요로 하고 있었기 때문이었다. 하지만 우리 부부는 이런 정신질환을 앓고 있는 사람을 어떻게 대해야 하는지 알지 못했다. 우리는 관련된 서적을 찾아보며 그녀를 도울 방법을 모색했다.

몸의 질병보다 마음의 질병이 더 고치기 어렵다고들 한다. 어떤 때는 많이 좋아진 것 같다가도, 다시 더 나빠지기를 반복했다. 여전히 불안한 자신을 통제하기 힘들 때는 정신병원에 입원하기도 하였다. 우리는 그런 자매님이 안타까웠다.

"하나님, 세상 사람들은 정신병은 절대 낫지 못한다고 말합니다. 하지만 우리는 하나님의 전능하심을 믿습니다. 어두움에 둘러싸여, 구원을 간절히 찾고 있는 M자매를 불쌍히 여겨 주시옵소서"

그렇게 2년이 지나면서부터 자매님은 서서히 달라지기 시작했다. 그녀는 좋아지다가 다시 나빠지는 것을 반복했지만, 다시 나빠지는 주기가 조금씩 길어지고 있었다. 그녀의 눈에 총기가 깃들기 시작했다. 전에는 자기 안에만 갇혀서 외부의 것에는 관심도 갖지 못했다. 그런데 그 자매님의 눈에 꽃들이 눈에 보이기 시작하고, 예쁘다고 느껴지기 시작했다. 그리고 어느 날, 자신이 더 이상 폭식을 하지 않고 있다는 것을 깨닫게 되었다. 그로 인해 몸무게는 점점 줄어서 86kg이었던 몸무게가 52kg까지 줄어들었다. 또한 신경안정제 중심의 약도 끊게 되었다. 우리 부부는 조금씩 줄여 가는 것이 좋겠다고 권유했을 뿐인데, 자매님은 담대히 모든 약을 중단했다. 물론 잠깐 동안은 금단현상으로 힘들어하기도 하였지만, 서서히 좋아지기 시작했다.

그러다 어느 날, 자매님은 길을 걷다가 문득 '행복하다'라는 생각이 들었다고 한다. 그것은 약 6개월간이나 계속되었는데, 자매에게는 너무나 놀라운 사건이었다. 왜냐하면 지금까지 자매님은 행복이라는 감정을 느껴 본 적이 한 번도 없었기 때문이다. 설거지를 할 때도 행복하고, 청소를 할 때도 행복했다. 무엇보다 예배드리는 것이 너무 좋아지기 시작했다. 자매님은 이것이 '성령충만'이라는 것이구나 라고 깨닫게 되었다. 이 일을 계기로 자매님은 눈에 뜨이게 변화하기 시작했다.

놀라운 일들은 계속되었다. 그것은 자매님이 자신을 괴롭히는 부정적인 생각을 성경 말씀으로 제어하기 시작했다는

그래도 가겠습니다

것이다. 본래 여리고 착한 심성을 가진 그녀는 어렸을 때부터 강압적인 아버지의 생각과 말씀에 반대를 해 본적이 없었다. 자기의 생각과 아버지의 생각이 다를 때에도 자기의 생각을 주장하는 것은 불효이며 죄라는 생각을 해오고 있었다. 그래서 그녀는 자신의 생각을 갖는 것을 두려워했으며, 절대적으로 옳다고 생각하는 아버지의 생각과 다른 사람들의 생각이 다를 때는 매우 혼란스러워 했다. 사탄은 그 자매님의 두려움과 불안한 마음에 부정적인 생각을 불어 넣었고 여러 번 자살 충동도 느끼는 등, 어두움 가운데 갇혀 지내야만 했다.

하지만 자매님은 이제 자기 아버지의 생각이나 세상 사람들의 생각이 아닌, 하나님의 말씀이 진리라는 것을 깨닫게 되었다. 그래서 그녀는 부정적인 생각이 들 때마다, 그 생각을 받아들이지 않을 것을 선포했다. 그리고 그에 합당한 성경 말씀을 입으로 선포했다. 그리고 그 성경 구절을 노트에 써 내려가기도 했다. 어떤 말씀은 8백 번을 쓴 말씀도 있었다고 했다. 자매님은 지금까지 잘못된 자아를, 성경 말씀으로 다시 세우겠다고 결심하였다. 그녀는 아침과 저녁으로 성경을 읽으며 하나님의 얼굴을 구하는 삶을 살게 되었다.

올해로 우리와 만난 지 12년이 된 지금, M 자매는 주일이면 제일 먼저 교회를 오는 사람이다. 그녀는 가장 먼저 교회에 와서 화장실 청소를 하고, 예배당 의자를 걸레로 닦으며, 강대상의 물을 준비한다. 그리고는 통역기에 건전지가 떨어지지 않았는지 확인한다. 그 일이 끝나면, 그날 예배 시간에 부를 찬송 반주를 연습한다. 예배시간에 찬양 반주자로 봉사하고 있기 때문이다. 그리고 나서도 시간이 남으면, 나와 함께 교회 주변의 쓰레기를 줍는다. 예배 후 식사 시간이 끝나면, 가장 먼저 일어나 설거지를 하고, 마지막까지 주방 정리를 한다. 그렇게 성도 중에서 가장 멀리서 사는 자매님은 교회에 가장 먼저 왔다가, 가장 나중에 돌아간다.

그뿐만이 아니다. 그녀는 예배 시간의 말씀을 노트에 꼼꼼히 적어서, 주중에는 그 말씀대로 살아가려고 노력하며, 매일 성경 읽기와 기도를 한다. 그리고 식사기도 할 때마다 우리 부부를 위해 기도하고 있다고 한다. 할렐루야! 하나님은 어두움에 갇혀 있으며, 구원을 간절히 바라는 그녀를 구원해 주셨다. 말씀이 그 자매님의 인생을 새롭게 하셨다!

그래도 가겠습니다

M자매님 집에서의 목장예배
자매님은 자기 집을 기꺼이 개방해서 전도를 하고 있다.

너는 이 일이 될 것을 믿으며 기도하느냐,
믿지 않으며 기도하느냐

교회 주방에서 설거지를 하다가 문득 교회를 위해 기도하
고 싶다 라는 생각이 들었다. 그래서 앞치마에 손을 닦고, 주
보 한 장을 가지고 예배당에 들어가 엎드렸다. 주보의 제일
앞장에는 교회의 비전 선포가 쓰여 있고, 제일 뒷장에는 구
체적인 기도 제목들이 적혀 있었기 때문에, 교회를 위해 기
도할 때는 주보를 보면서 기도하곤 했다. 그날도 주보 앞면
에 있는 교회 비전을 소리 내어 읽으며 기도하기 시작했다.
교회 비전은 이러했다.

"한 사람 한 사람이 예수를 구주로 믿고, 예수의 제자가
되어, 일본과 전 세계에 복음을 전파하는 교회가 되자"

이 교회 비전은 예배 시간에 늘 성도들과 함께 소리 내어

그래도 가겠습니다

선포하고 있었다. 그런데 나는 이 교회 비전에 불만이 많았다.

"차라리 예배 참석 인원 20명이 되자 라는 비전이 더 현실적이지 않나? 현재 우리 교회는 우리 가족 5명 포함해서 10명 밖에 안 되는데 무슨 세계 복음화야"

하지만 그날은 이 비전을 읽고 습관적으로 기도하기 시작했다. 그런데 갑자기 마음속에서 하나님의 음성이 들려왔다.

"너는 이 기도가 이루어지리라 믿으며 기도하니, 아니면 이루어지지 않으리라고 믿으며 기도하니?"

이 주님의 물음에 나는 깜짝 놀랐다. 실은 기도하면서도 '이 일이 이루어지면 좋고, 안 이뤄져도 어쩔 수 없지 뭐'라고 생각하며 기도하고 있었기 때문이다. 주님은 나의 이런 믿음 없는 기도에 더 이상 참을 수가 없었던 것이었던 것일까. 나의 기도에 대해 주님은 물으셨던 것이다. 주님의 물음으로 인해 나는 나의 기도가 얼마나 엉터리인지를 알게 되어 깜짝 놀랐다.

첫 번째는, 주님이 내 기도를 듣고 계신다는 것에 놀랐다. 물론 기도는 주님께 드리는 것이기 때문에 주님이 듣고 계신다는 것은 놀랄 일이 아닌데도 나는 놀랐다.

두 번째는, 내가 참으로 믿음 없는 기도를 하고 있었다는 것을 깨닫고 깜짝 놀랐다. 기도는 내가 할 수 없는 일을 주님은 하실 수 있다고 믿기 때문에 기도하는 것이다. 하지만 나는 내가 할 수 없는 일이므로, 주님도 하실 수 없다고 생각하고 있었던 것일까? 나는 주님은 이 일을 하실 수 있다는 믿음도, 그리고 그 일을 꼭 이뤄주시리라는 기대도 없는 기도를 하고 있었던 것이다.

나는 이렇게 주님께 나의 기도에 대해 지적을 받기 전에는 나의 기도가 이렇게나 형편없는 기도인지 모르고 있었다. 기도하는 자가 갖추어야 할 기본자세도 갖추지 않고 기도하고 있었던 것이다. 지금까지 내가 주님께 드렸던 기도 중에서 주님의 마음에 합당한 기도는 얼마나 될까? 주여, 주여 한다고 해서 다 천국에 들어가는 것이 아닌 것처럼, 기도한다고 해서 다 주님의 마음에 합당한 기도가 아닐 것이다. 나는 주님의 지적을 받고 나의 기도를 돌아보니 너무나도 부끄러웠다. 주님 듣고 계시기에 얼마나 힘드셨을까? 그래서 주님께 울며 회개를 했다.

"주님, 나의 믿음 없음을 용서해 주세요. 입으로는 하나님이 전능하시다고 말하면서도 나의 기도에는 믿음이 없었어요. 교회 비전을 위해 기도하면서도 주님이 그것을 이루실 수 있다고 믿지 못하고 기도하고 있었어요. 용서해 주세요"

한참의 회개 기도를 마치고 나는 조용히 생각해 보았다. 만약에 이 교회 비전을 나는 이룰 수 없지만, 주님은 하실 수 있다고 믿는다면 나는 지금 무엇을 준비해야 하나? 믿음은 바라는 것들의 실상이요, 보지 못한 것들의 증거라고 하였는데, 그 일을 이루실 하나님을 믿는 자는 현재 어떤 행동을 취해야 하는가를 생각하게 되었다. 그러자 갑자기 남편이 나에게 했던 말이 생각이 났다. 남편은 나에게 자주 이런 말을 했다. 당신도 신학 공부를 해서 함께 말씀 목회를 하자고. 하지만 그때의 우리의 형편은 내가 신학 공부를 할 수 있는 형편이 전혀 아니었다.

첫 번째, 일본 신학교에서 신학 공부를 하기에 나의 일본어 실력은 너무나도 형편이 없었다. 그때는 일본에 온 지 4년이 지났지만, 정식 학교에서 일본어를 배우지 않고 있었기 때문에 내 일본어는 형편이 없었다. 그런데 나에게 일본어로 그 어려운 신학책을 읽으며 리포트를 써야 하는 신학을 공부하라니 말도 안 되는 일이라고 생각했었다.

두 번째는 신학을 공부할 재정이 없었다. 밥도 제대로 챙겨 먹지 못하는데, 무슨 공부란 말인가. 그때 당시의 우리 가정의 재정 상태는 최악이었다. 교회에 오는 사람들은 재일교포 할머니 성도 한 분과 몇 분의 노숙자들, 그리고 정신질환을 앓고 있는 형제들과 자매뿐이었다. 그들은 우리가 섬겨야 할 분들이었고, 교회에 헌신을 할 수 있는 분들이 아니었다. 그 당시 우리는 한국에서 보내오는 약간의 후원비로 교회 사역과 다섯 식구의 생활비를 감당해야 했다. 항상 쪼들리는 생활이었다. 그런데 신학 공부를 하려면 학비며, 교재며, 교통비 등등 많은 지출이 있어야 할 것이다. 그래서 내가 신학 공부를 한다는 것은 안 되는 일이었다.

세 번째는 아이들이 너무 어리다는 것이다. 그때 아이들은 초등학교 4학년, 2학년, 5살이었다. 동경 침례 신학교는 야간 학교였기 때문에, 아이들이 학교에서 돌아오면 바로 나는 학교에 가기 위해 집을 나서야 했다. 비록 남편이 있다고는 하지만, 아직 어린 아이들의 저녁 식사를 챙겨주거나 공부도 돌보지 못하면서까지 신학 공부를 하고 싶지 않았다.

이런 세 가지 이유로 나는 남편의 권유를 고려도 하지 않고 있었다.

그런데 조용히 묵상기도를 하고 있으니, 남편의 권유가 생각이 났다. 그리고 나는 무엇을 해야 하는가를 생각했다.

그래도 가겠습니다

하나님은 부족한 우리를 통해 일본인들을 전도하고 제자를 삼으며, 교회를 개척하고 세계 선교를 하실 수 있다고 믿는다면, 나는 지금 무엇을 준비해야 하는가. 내가 먼저 배우지 않으면 가르칠 수 없을 것이다. 내가 먼저 일본어로 성경 말씀을 가르칠 수 있어야만, 제자를 세울 수가 있지 않겠는가. 내가 먼저 배워야 했다. 내가 먼저 준비해야 했다. 주님이 쓰려고 하실 때 쓰임 받기 위해서는 지금 준비하지 않으면 안 되었다. 그래서 나는 이것을 하나님의 인도하심이라 믿고 신학 공부를 하기로 했다. 주님은 하실 수 있다고 믿고 기도하는 자는 행동이 달라진다.

동경에 있는 '동경침례신학교'는 학부 3년, 대학원 2년의 5년의 과정이었다. 믿음으로 시작했다. 물론, 예상했던 대로의 여러 가지 문제들은 일어났고, 그 과정은 힘들었다. 내가 사는 아쯔기에서 동경까지 가는 전철에서 나는 많은 눈물을 흘렸다. 남편은 집에 먹을 것이 없어도 내 차비를 마련해 주었다. 집에서 시원찮은 반찬에 밥을 먹고 있을 아이들을 생각하면 마음이 너무나도 아팠다.

하지만 주의 은혜와 남편과 세 자녀의 수고와 배려로, 나는 7년 만에 신학교를 졸업할 수 있었다. 신학교 공부 중에서 특별히 나의 흥미를 끌었던 것은 일본 교회의 역사에 관한 것이었다. 일본교회는 어떻게 시작되었으며, 또한 어떤 아픔을 통해 성장하였는가 하는 것을 아는 것은 현 일본교회를 알고 이해하는데 큰 도움이 되었다. 또한 다른 신학생들과 함께, 어떻게 하면 일본인들에게 복음이 잘 전파될 수 있을까 고민하고 기도하는 시간을 가지기도 했다. 한국인과 일본인은 외모는 닮아 보여도 기질이 많이 다른 민족이다.

또한 신학교 공부를 통해 얻게 된 가장 큰 수확은 실습생으로서 현지 일본교회 안에 들어가 보고 배우는 기회가 있었다는 것이다. 실습기간 동안에는 예배의 참석과 설교 봉사는 물론이거니와, 집사 회의와 사역자 회의에도 참석해서 실제적으로 교회실무를 어떻게 하는 가를 배우는 시간도 갖게 되었다. 교회실습을 통해 일본인 교회에 대해 보고 배우는 시간을 통해, 일본인 성도들이 얼마나 복음에 대해 진지하게 대하는지, 그리고 일본 사역자들이 얼마나 일본 복음화를 위해 고민하고 있는지를 알게 되었다.

우리는 너무나 쉽게도 교회의 크기나 교회의 재정상태, 그리고 외부 활동 등으로 교회들을 비교한다. 그래서 큰 교

그래도 가겠습니다

회가 많은 한국교회는 성공한 교회이고, 일본 교회는 실패한 교회로 보며 무시하기 쉽다. 하지만 절대 그렇지 않다. 일본 교회는 참으로 말씀을 사랑하는 교회이다. 복음과 말씀을 지키기 어려운 문화와 사회 구조 안에서도, 그들은 그것을 지키려고 많은 수고를 하고 있다. 하나님께서 나로 하여금 일본 신학교에서 공부하게 하신 것은 단지 신학과 사역 일본어를 배우기 위함 뿐만 아니라, 일본 교회를 알아 더욱 일본을 사랑하게 하시기 위함이었다. 사랑은 상대방에 대해서 앎에서부터 시작되는 것이 아닌가! 주님의 인도하심은 참으로 우리가 생각하는 그 이상을 뛰어 넘는 것이다.

현재 나는 매주 교회에서 한국어 설교를 일본어로 동시통역을 하고 있다. 일본어로 기도하고, 일본어로 성경 공부를 가르치기도 한다.

그때 주님께 나의 믿음 없는 기도를 책망받은 후 나는 기도에 대해서 배우게 되었다. 그리고 주님께 자주 기도에 대해서 더 가르쳐 달라고 기도한다. 산을 들어 바다에 던질 믿음의 기도는 어떻게 하는 것인지 묻는다. 하나님이 하실 수 있다고 믿는 자는 어떻게 기도하고, 어떻게 행동해야 하는가? 기도는 우리가 평생 배워야 하는 과목이다.

"너희 중에 겨자씨만한 믿음이 있으면,

산을 들어 바다에 던지라 할지라도 그대로 되리라"

2018년 침례받은 성도들과 함께

동경침례신학 재학중에 일본 교회에서 설교하는 모습

제8장

말씀이 육신이 되어

하물며 너희일까 보냐

우는 자와 함께 울고

매화

말씀이 육신이 되어

하물며 너희일까 보냐

하나님의 은혜로 우리 가정에는 세 명의 자녀가 있다. 대학 4학년 딸, 대학 2학년 아들, 중학 3학년 아들. 이 아이들은 엄마 아빠가 선교사라는 이유로, 어렸을 때부터 국경과 도시를 넘어 자주 이사를 해야 했고, 원하는 것을 갖지 못할 때가 많았다. 게다가 우리 부부가 선교사로서 여러 가지 시련과 훈련이라는 어두운 동굴을 통과해야 할 때는, 아이들도 그 시련과 훈련이라는 동굴을 함께 통과해야만 했다. 부모가 선교사로서 성장통을 겪으며 힘들게 사역할 때도, 우리 세 아이도 '작은 선교사'로서 함께 성장통을 겪었다. 그래서 나는 우리 세 자녀를 단순히 '선교사 자녀'로 보기보다는, 함께 사역을 하는 동역자로 여기고 있다. 물론 아이들은 그렇게 생각하고 있지 않을지 모르지만.

그래도 가겠습니다

우리 크리스천 부모들은 자주 "아이들은 하나님이 주신 선물이고, 하나님의 것이에요"라고 말한다. 하지만 정작 실제 생활에서는 세상 사람들처럼, 자기의 소유요, 자기의 장식품으로 다룰 때가 많다. 아이들의 인생의 주인 되신 하나님께 아이들을 향한 하나님의 계획을 묻기보다는, 어떻게 하면 이 세상 기준에서 빛나게 할 수 있을까 고민한다. 그리고 그것이 좋은 부모가 할 일이라고 생각한다. 그러다가 아이들이 사춘기가 되어 반항하게 되면, 크게 절망하게 된다.

"다 너희 잘되라고 하는 것인데, 왜 이렇게 이해를 못해? 내가 너에게 해 준 것이 얼만데, 네가 감히 내게 어떻게 이럴 수 있어?"

하지만, 우리 부모들은 늘 기억해야 한다. 아이들의 주인은 내가 아니라, 하나님이라는 것을 말이다. 만약 우리가 하늘나라에 가서 하나님 앞에서 '한 영혼'으로 서게 될 때, 우리 아이들도 하나님 앞에서 '한 영혼'으로 서게 될 것이다. 천국에서 우리는 더 이상 부모와 자녀가 아닌, 형제와 자매로 서로를 대하게 될 것이다. 그래서 우리는 이 땅에서부터 자신의 자녀라는 관계를 넘어 하나님 앞에서 동등한 위치인 형제, 자매로 대하며 존중해야 할 것이다. 부모도 하나님을 아버지라 부르고, 자녀들도 하나님을 아버지라 부르기 때문이다.

나는 이 사실을 잊어버리지 않기 위해 가끔 일부러 아이들 이름 뒤에, 형제님, 자매님을 붙여 부르며 존칭어를 사용한다. 그러면서 그들의 삶에 내가 주인 되려고 하거나, 그들의 삶을 좌우하지 않도록 주의한다. 이것은 좋은 일에서도 나쁜 일에서도 그러하다.

나에게 이 사실을 깨닫게 해 준 사건이 있었다. 그것은 우리 가정이 대만에서 나와서 일본으로 들어오기 전에 잠시 한국에 머물러 있을 때 있었던 일이다. 그때는 막연히 다음 사역지가 일본일 것이라는 생각은 하고 있었지만, 확실한 계획도 없었다. 게다가 그때의 우리 가정은 머물 곳도 마땅치 않아서, 인천 성광교회의 선교관에서 머물고 있으면서 남편은 목사안수를 준비하고 있을 때였다. 그런데 그때 우리 셋째가 임신이 된 것을 알게 되었다. 철저하게 피임하고 있다고 생각했는데 뜻하지 않은 임신에 우리 부부는 당황했다. 그리고 앞으로 이 아이를 어떻게 키워야 하나 걱정이 앞서 새 생명을 주신 것에 대한 감사기도가 나오지 않았다. 게다가 입덧

그래도 가겠습니다

까지 심하다 보니 아무것도 먹지 못해서 병원에 입원까지 하게 되었다. 마음이 착잡했다.

산부인과 병동에 입원해서 주일을 맞이했다. 병원 침대 위에서 혼자서 성경을 읽고 기도를 드렸다. 혼자서 드리는 예배가 쓸쓸했다. 게다가 내가 머물고 있는 병실에는 8인실이었는데 다른 7명의 산모들이 모두 아이를 출산해서 안심하고 기뻐하고 있었다. 그런 모습을 보니, 내 모습이 더욱 처량하게 느껴졌다. 그래서 걷고 싶어서 병실을 나와 복도를 거닐었다. 복도에는 산모의 출산을 축하하는 꽃바구니들이 길게 놓여 있었다. 꽃가루 알레르기 산모를 위해 꽃바구니는 병실에 놓지 못하게 되어 있었다. 꽃바구니 안의 꽃들은 화려한 색깔과 다양한 모양으로 너무나도 예뻤다. 한참을 그렇게 꽃 삼매경에 빠져 있을 때 , 조금 전에 읽었던 마태복음 6장 말씀이 생각이 났다.

"공중의 새를 보라. 심지도 않고 거두지도 않고 창고에 모아 들이지도 아니하되, 너희 하늘 아버지께서 기르시나니 너희는 이것들보다 귀하지 아니하냐. 너희 중에 누가 염려함으로 그 키를 한 자라도 더할 수 있겠느냐. 또 너희가 어찌 의복을 위하여 염려하느냐. 들의 백합화가 어떻게 자라는가 생각하여 보라. 수고도 아니하고 길쌈도 아니하느니라. 그러나 내가 너희에게 말하노니, 솔로몬의 모든 영광으로도 입은 것이 이 꽃 하나만 같지 못하였느니라. 오늘 있다가 내일 아궁이에 던져지는 들풀도 하나님이 이렇게 입히시거든 하물며 너희일까 보냐. 믿음이 작은 자들아"(마6:26-30)

예수님께서 세상 여러 가지 일로 염려하고 걱정하는 우리에게 이렇게 말씀하셨다. 하늘을 나는 새들도 하늘 아버지가 먹이시고, 들의 각양각색의 예쁜 꽃들도 하늘 아버지가 입히신다 라고 말이다. 또한 예수님은 하나님이신 아버지가 먹이고 입히실 때에 가장 건강하고 가장 아름답게 자란다고 말씀하신다. 하물며 특별한 존재로 창조하시고, 죽기까지 사랑하는 너희일까 보냐 라며 걱정하지 말라고 하신다.

나는 병실에 돌아가 성경을 펴서 마태복음 6장의 말씀을 다시 읽었다. 그러자 다음의 글씨들이 크게 확대되어 보였다.

그래도 가겠습니다

"너희 하늘 아버지께서 기르시나니 너희는 이것들보
다 귀하지 아니하냐...하물며 너희일까 보냐. 믿음이
작은 자들아"

하나님이 내 뱃속에 있는 아이의 아버지라고 성경은 말
하고 있었다. 하늘 아버지께서 이 아이를 기르시겠다고 하신
다. 나는 자주 '나의 모든 소유는 아버지의 것입니다. 내 아
이들도 아버지의 것입니다'라고 고백했었다. 하지만 정작 문
제가 발생했을 때는 이 아이가 마치 자기 소유인 것처럼, 내
책임인 것처럼 걱정하고 있었다. 아이 둘도 많은데, 셋을 어
떻게 키우지 라며 걱정하고 있었다. 하나님은 분명히 나의
아이들이 하늘 아버지의 소유라고 말씀하고 계신다. 그리고
하나님은 그들을 방치하지 않으시고 먹이시고 입히실 것에
대해 말씀하고 계신다.

나는 마태복음 6장 말씀을 읽고 다시 한번 나의 불신을
회개해야만 했다. 나는 주님께 기도했다.
"그래요, 아버지. 내 태중의 아이는 아버지의 것입니다.
이 아이의 참 아버지는 하늘 아버지입니다. 아이가 내 것 인

양 이 아이에게 무엇을 먹일 것인가, 무엇을 입힐 것인가 걱정하고 있었어요. 죄송해요. 하나님의 것을 내 것처럼 착각하고 있었어요. 아버지가 이 아이의 아버지가 되셔서, 이 아이의 필요들을 채우실 것을 믿습니다. 저는 다만 주님께서 주신 이 아이를 기뻐하겠습니다. 이 아이를 단지 주님의 말씀과 훈계로 가르치겠습니다. 단지 돕는 자로 이 아이의 옆에 서겠습니다. "

그리고 또 배를 만지며 아이에게도 사과했다.

"아이야, 미안해. 하나님은 너를 이 세상에 보내시기를 원하셨는데, 내가 너를 기쁘게 맞이하지 못해서. 용서해 주렴. 너를 축복해. 너를 사랑해."

이 깨달음을 통해, 내 앞에 드리워졌던 불안과 우울한 마음이 걷어졌다. 내 마음은 기쁨으로 넘쳤다. 그리고 지금까지 표현하지 못했던 아이에 대한 감사와 축복의 기도를, 마치 빚을 갚듯이 열심히 했다.

지금 우리 세 아이는 대학생과 중학생의 아름다운 젊은 청년이 되었다. 하나님은 지금까지 이 아이들의 하늘 아버지가 되셔서, 약속의 말씀대로 풍족하게 먹이시고 입히셨다.

그래도 가겠습니다

지금 첫째 와 둘째는 일본에서 학비가 비싼 사립대학을 다니고 있다. 학비가 채워지지 않을 때는 아이들과 함께 기도한다.

"너희들의 참 아버지이신 하나님께 학비를 채워주시도록 기도하자."

그리고 채워지면 함께 감사기도를 드린다.

우리 아이들이 하나님을 자신의 아버지로 고백하고 의지하는 삶을 살기를 기도한다.

"얘들아, 너희들의 참 아버지는 하나님 아버지란다. 엄마, 아빠는 너희들의 필요를 다 채워줄 수 없지만, 하나님 아버지는 너희들의 필요를 채워주실 거야. 문제가 있을 때마다 기도해라. 엄마, 아빠는 너희들과 언제까지나 함께 할 수 없지만, 너희들의 참 아버지이신 하나님은 영원히 너희와 함께 하실 거란다. 하나님을 의지하거라"

가정 형편이 어려울 때는 노트 살 100엔이 없어 그냥 학교를 보내야 할 때도 있었다. 딸아이 중학교 입학식 날 당일까지 교복을 사지 못해 입학식에 참석하지 못할 뻔한 일도 있었다. 그럴 때마다 우리는 아이들의 손을 잡고 함께 기도했다. 하늘 아버지께서 자녀들의 필요를 채워주시도록 말이다.

그리고 우리 부부와 아이들은 그 필요들이 기적과 같이 채워지는 것을 수없이 경험해 왔다. 이 경험들이 아이들이 앞으로의 삶에서 고난이 닥칠 때마다 생각 날 것이다. 그리고 이 아이들도 주님이 주시는 위로의 음성을 듣게 될 것이다.

"하물며 너희일까 보냐"

지금의 아이들은 하나님께서 약속의 말씀을 어떻게 성취하고 계시는 가를 보여주는 하나의 증거가 된다. 주님은 성경을 통해 우리에게 말씀하시고, 그 말씀을 성취하심으로 말씀이 능력이 있음을 스스로 나타내 보이신다. 주님은 우리에게 말씀하시기 원하시고, 그것을 자신의 자녀들과 함께 이루어 가시는 것을 기뻐하시는 분이시다.

그래도 가겠습니다

우는 자와 함께 울고

　주님의 인도하심에 따라 우리는 사역지를 다시 처음 일본에 와서 정착했던 야마토 시로 옮기게 되었다. 그리고 여러 가지 우여곡절 끝에, '야마토 사랑선교교회'를 개척하게 되었다. 야마토 사랑선교교회는 주로 한국인들로 구성이 되었다.

　야마토로 돌아온 후로는 경제적으로는 많이 여유가 생겼다. 왜냐하면, 야마토로 오기 전에, '기독교한국침례교 해외선교회(FMB)' 선교사 훈련을 받고, 파송교회가 하나 더 생기고, 후원교회도 늘었기 때문이다. 하지만 야마토 시의 한국인 사역 또한 아쯔기에서의 일본인 노숙자들이나 정신 질환자들 사역과 같이, 하나님의 눈물을 보는 곳이었다. 주님은 이번에도 우리 곁에 외롭고, 가난하고, 병든 자들을 데려다 붙이셨다.

우리가 현재 살고 있는 야마토시는 큰 회사나 대학교가 없기 때문에 이곳에 살고 계시는 한국인들은 주재원이나 유학생들은 거의 없다. 대부분 일본의 경제가 호황을 이루던 1980년대나 90년대에 '재팬 드림'을 꿈꾸며 일본에 들어왔다가 그대로 정착해 살고 계시는 분들이다. 특히 술집 관련된 일이나 목욕탕 때밀이 등의 일을 하시는 분들이 많고, 그분들은 일을 하느라 일본어를 제대로 공부할 기회도 갖지 못하셨다. 그리고 여러 가지 사연을 가지고 한국을 떠나와서 오랫동안 일본에 거주하시다 보니, 한국의 가족들과는 관계가 끊어져 한국에 돌아가도 받아 줄 가족이 없는 분들도 많았다. 그래서 그분들은 어쩔 수 없이 계속 일본에 살게 되면서, 나이가 들고, 경제적인 능력이 없어지자 일본 정부로부터 생활보호를 받고 계신다. 게다가 그중에는 비자가 만료되었어도 비자 연기를 못해, 불법 체류자로 계시는 분들도 계셨다.

이런 지역 특성으로, 새로 개척한 교회의 멤버 중에서 우리 가족을 제외하고 절반 이상이 일본 정부에서 생활보호를 받고 계시는 가난한 분들이셨다.

그래도 가겠습니다

우리가 일본에 처음 왔을 때, 교회 안에 있는 한국 여성분들, 특히 일본인 남편과 함께 사시는 분들이 '외롭다(일본어로는 さびしい)라는 말을 자주 하셨다. 일본은 한국보다 더 개인주의 사회이다. 남의 일에 별로 간섭하려 하지 않고, 자기감정을 함부로 남에게 보여주려고 하지 않는다.

일본에서는 지진이나 태풍과 같은 자연재해가 자주 일어나, 가족을 잃거나 집이 무너지는 일이 일어나곤 한다. 그런데 TV에서 재난민을 인터뷰하는 내용을 보면, 그런 극한 고통 속에서도 통곡을 한다거나 하늘을 원망하지 않는다. 다른 재난민도 다 슬퍼도 참고 있는데, 자기만 자기 슬픈 감정을 드러내는 것은 다른 사람들에게 피해를 주는 것이라고 생각하기 때문이다.

일본인 남편들과 함께 사는 한국인 여성분들은, 이렇게 자기감정을 나타내지 않고, 자기 것과 남의 것을 철저히 구분하는 일본인 남편 때문에 외로움을 많이 느낀다. 일본에 처음 도착했을 때, 어느 선배 선교사님께서 이렇게 말씀하신 것이 기억난다.

"여기에서는 부부 사이가 너무 좋아도 안 돼요. 여기 사람들은 부부 사이가 좋으면 질투하거든요"

하나님은 새로 개척한 교회에 외롭고, 소외되고, 가난하고, 말 못하는 자들을 보내주셨다. 그래서 우리 부부는 성도님이 병이 들면 통역자로, 혹은 보호자로서 병원에 동행했다. 일본어를 이해하지 못하는 성도분들은 집에 우편으로 오는 여러 가지 행정 문서들을 가지고 교회로 온다. 그러면 우리 부부는 무슨 내용인지 읽어 드리고, 답신을 써야 할 때는 답신도 써 주기도 한다. 핸드폰 개통이나 문제가 있을 때는 함께 문의점에 가서 문의도 해 준다. 이삿짐을 날라 주기도 한다. 가끔은 우리가 그들의 목회자가 아니라, 사회복지사인가라는 의문이 들 때도 있었다.

하지만 이런 형편이기 때문에 우리 교회는 예수 안에서 새롭게 만들어진 가족 공동체가 된다. 한국의 친가족은 몇 년에 한 번 얼굴을 볼까 말까 하지만, 우리 교회 식구들은 주일에 두세 번은 얼굴을 보고 함께 식사도 한다. 그리고 서로의 기도제목을 나누고 기도한다.

2년 전, 코로나가 한창 기승을 부릴 때, 우리 교회의 성도님들 중에도 코로나에 걸리신 분들이 많았다. 그 중에서 두 성도님은 코로나 때문에 돌아가셨다. 우리는 구급차를 불러 그들을 병원에 운송하고 가족을 대신하여 보호자가 되었다. 병원에서 돌아가셨다는 연락을 받았을 때는 목 놓아 울었다. 그들의 죽음을 슬퍼해 줄 가족이 없었기 때문에 더 목 놓아 울었던 것 같다. 우리 부부는 그들의 장례식을 정성껏 치렀고 그들의 집을 정리했다.

하나님이 이들을 우리에게 보내셨고, 이들의 외로움과 아픔을 보게 하셨다. 그리고 하나님은 이들을 향한 자신의 눈물을 보게 하셨다. 그리고 하나님은 자신의 사랑하는 자녀들이 슬퍼하는 곳에 우리를 대신 보내어 울게 하셨다.

"우는 자들과 함께 울라"(롬12:15)

이런 생각이 의문이 들 때가 있었다. 왜 하나님은 우리에게는 이렇게 가난하고 외롭고 힘든 분들만 많이 보내실까 하고 말이다. 내가 만난 다른 교회 일본인들은 교양있고 생활이 넉넉한 분들도 많고, 다른 선교사님들의 사역을 봐도 우리는 참 특수한 사역을 하고 있구나 생각될 때가 많았기 때문이다. 그런데 어느 날 나는 내 기도에서 그 이유를 알게 되었다. 그것은 내가 이런 기도를 하고 있었기 때문이었다.

"주님, 저는 선물을 주시는 주님의 손만 보고 싶지 않아요. 저는 주님의 눈물을 알고 싶어요. 주님이 무엇 때문에 가슴 아파하시는지, 어떤 일을 하고 싶어하시는지 주님의 마음을 알게 해 주세요"라고 말이다.

많은 사람이 기도할 때, 자신의 필요를 아뢰며 주님께 기도한다. '주님, 이것도 들어 주세요, 주님, 이 일도 해결해 주세요'라고. 하지만 주님은 우리가 구하기 전에도 우리에게 필요한 것을 알고 계신다. 우리는 무엇이든지 전능하신 주님께 구할 수 있다. 하지만 기도에는 열심히 구해야 하는 것과 먼저 구해야 하는 것이 있다. 그것은 내가 주님 안에 거하게 해달라는 것과, 내가 주님의 말씀 안에 거하게 해달라는 것이다.

"너희가 내 안에 거하고 내 말이 너희 안에 거하면 무엇이든지 원하는 대로 구하라. 그리하면 이루리라"
(요15:7)

우리가 주님 안에 거하고 주님의 말씀이 나를 통해 나타

그래도 가겠습니다

나기를 원하는 기도를 먼저 한다면, 주님은 우리의 필요를 작은 소리로 아뢰도 금방 들어 주실 것이다.

그래서 무엇인가를 바라는 기도가 아니라, 주님의 마음을 알고 싶어서 기도하는 기도가 더 많아야 한다. 나는 "주님의 눈물을 알고 싶어요"라는 기도를 자주 했다. 어떤 사람의 눈물을 이해하는 사람이야말로 그 사람의 진정한 친구가 될 수 있다고 생각하기 때문이다. 주님은 이렇게 외롭고 병들고 가난한 자들 때문에 마음 아파하고 계신다.

주님은 또한 십자가의 은혜를 알지 못하고 죽어가는 일본 영혼들을 보며 울고 계신다. 그래서 주님은 나에게 그들을 보내시고 그들을 돕는 자로, 복음을 전하는 자로 주님의 입이 되고, 주님의 손이 되어 그들을 섬기기를 원하고 계신 것이다.

많은 사람이 일본으로 관광을 온다. 그리고 그들은 일본의 깨끗한 거리와 친절한 사람들의 미소만을 보고 돌아가며, 일본은 너무나 좋은 나라라고 칭찬을 한다. 하지만 일본을 바라보는 하나님의 마음은 슬프다. 800만의 신을 섬기며, 높은 산과 큰 나무는 모두 신이 되어 있는 나라 일본. 그들은 거실에 죽은 가족의 영을 기리는 제단을 만들어 놓고 매일 꽃을 바치며, 죽음과 함께 공존하고 있다. 외롭고 상처 난 그들을 품어 줄 따뜻한 팔이 없다. 하나님은 이런 일본을 보며 슬퍼하고 계신 것이다.

그래도 가겠습니다

매화

여기에 남편 이동주 선교사의 시 한 편을 소개해 보고자 한다. 작년에 코로나 때문에 두 분의 성도분이 돌아가시고, 또 코로나 때문에 한국의 시어머님이 돌아가셨다. 그때 남편이 상한 마음을 노래한 시이다. 그런데 이 눈물의 시를 주님은 기쁨의 노래로 바꿔주셨다. 올 3월, 국민일보 신앙시 신춘문예에서 우수상을 받게 해 주셨기 때문이다.

매화

이동주

한겨울 지나간다지만
실은 봄바람 되어 가슴에 안겨온다.

늘 그랬다
겨우내 끝자락에 매달려
툭하고 터뜨리는
꽃망울을 보고서야
겨울과 봄이 하나였음을
알아차렸다

너처럼 가냘픈 몸뚱이로
머리를 처박고 버틴 자만이
연하고 연한 분홍빛 피어내리라

저녁노을처럼 코로나에 저문 두 성도들
얼굴도 미처 보지 못한 채
효도마저 빼앗아간 나의 어머니

그래도 가겠습니다

마리아도 그러했으리라
청춘의 꿈 져버린 아들 예수
십자가 나무 올려다보며
눈물지었으리라
그때는 그러했으리라

그래도 기다리자
잔인함으로 견뎌
사랑스러움으로 피어내고 마는
너의 이름
꽃이라 쓰고
나무로 기억하리라

추위도 더위도 마다하고
맨발로 서 있는 너를
언제나 그 자리에 서서
지켜보리라 희망하리라
부활의 나무로 서기까지

말씀이 육신이 되어

"말씀이 육신이 되어 우리 가운데 거하시매, 우리가 그
의 영광을 보니, 아버지의 독생자의 영광이요, 은혜와
진리가 충만하더라"(요1:14)

예수님은 말씀이 육신이 되어 우리 가운데 나타나셨다.
여기에서 '말씀이 육신이 되었다'는 것은, 실재하였지만 우
리 눈에 보이지 않았던 말씀이, 이제 우리 눈에 보이고, 손에
만져지는 육신이 되어 우리 가운데 오셨다는 것이다. 이 말
씀은 구약에서부터 계속해서 예언자들의 입을 통해 예언되
었던 메시아의 탄생을 알리는 말씀이다.

그 육신이 되신 예수님은, 어디에 가서 어떻게 하여야 영생
을 얻을 수 있을지 모르는 니고데모에게 영생의 길을 가르쳐

주셨으며, 군대 귀신에 사로잡혀 죽음과 동거하며 저주의 삶을 살았던 거라사 청년에게 영혼의 구원과 자유를 허락하셨다. 말씀이 육신이 되어, 2,000년 전에 모래바람이 이는 이스라엘 땅을 샌들을 신고 두루두루 다니셨다. 그 따뜻하고 두툼한 손으로 열병이 나서 병든 베드로의 장모의 손을 잡아 일으키셨다. 어린 아이들을 그 팔에 안아주시고 축복해 주셨다.

그런데 예수님은 지금도, 말씀이 육신이 되어 2023년을 살아가고 있는 우리에게 나타내고 계신다. 예수님이 육신이 되어 실제 그 당시 이스라엘 백성 가운데 행하시던 놀라운 일들을, 예수님의 제자들이 성령의 감동으로 성실하게 기록해 놓았기 때문이다. 우리는 제자들의 기록인 성경을 읽으며, 그 현장으로 들어가게 된다.

예수님의 제자인 마태가 앉아 있는 풀밭에 함께 앉아 예수님의 산상수훈을 듣고 자기의 지금까지의 삶을 돌아보며 회개한다. 또한, 우리는 풍랑 이는 바다 위의 위태한 쪽배에 제자들과 함께 타고 있어, 그 풍랑 속에서 아무것도 할 수 없는 자기 자신의 무기력을 통감한다. 또 풍랑 위를 걸으시는 예수님을 보고 놀라며, 말씀 한마디로 풍랑을 잠잠하게 하시는 능력을 보며 또 놀란다. 그리고 예수님은 과연 하나님이시로다 라고 제자들과 함께 예수님을 경배하게 된다. 또한, 우리는 현장에서 간음하다 잡힌 여인을 돌로 치려고 하는 무리 가운데 섞여서, '저런 부도덕한 여자는 돌에 맞아 마땅하다'고 분노하다가, '너희 중에 죄 없는 자가 먼저 돌로 치라'라는 예수님의 말씀을 듣게 된다. 그 음성을 듣자마자, 지난날 지었던 나의 죄들이 영화의 스크린처럼 내 앞에 펼쳐진다. 아아, 나는 죄가 없는 사람이 아니라, 내 죄를 내가 기억하고 있지 않았을 뿐이었구나. 아니, 일부러 그것을 부인하며, 나는 의로운 사람이라고, 자신을 세뇌하고 있었던 것을 깨닫게 된다. 나 자신이 너무 부끄러워 어찌할 바를 알지 못한다. 내 앞의 간음한 여인보다 더 추악한 죄가 내 안에 있음을 알게 되었다. 나는 너무도 많은 죄로 용서받을 수 없을 것 같은 자신의 죄 때문에, 그 여인을 향해 던지려고 주워들었던 돌멩이로 나의 가슴을 치며 통곡한다.

이렇듯, 2,000년 전에 제자들에 의해 쓰인 성경 말씀이 지금도 육신이 되어 우리 가운데서 활동하고 있다. 그래서 여전히 말씀은 활자로 머무는 것이 아니라, 나의 삶과 생각 가운데, 그리고 우리 공동체 가운데 육신이 되어 실재로서 거하며 움직이고 역사하고 있다.

　그것뿐이 아니다. 성경은 우리에게 말을 걸고 있다. 때로는 인자한 목소리로, 때로는 엄한 목소리로 우리에게 말씀을 하고 계신다. '네 원수를 사랑하라'라고 말씀하시고, '깊은 곳에 네 그물을 던지라'라고 말씀하신다. '네 이웃이 어디에 있느냐'라며 우리에게 말을 걸고 계신다. 우리는 그 말씀 때문에, 때로는 당황하기도 하고, 때로는 지금까지의 나의 삶의 스타일을 완전히 뒤엎어버려야만 하는 위기에 놓일 때가 있다. 성경 속의 예수님은 왜 이런 말씀을 하시는가? 왜 하필이면 나에게 이것을 명령하시는가? 우리는 많은 의문을 가지고, 또한 갈등하게 된다. 하지만 결국은 절대 용서할 수 없는 원수에게 내가 먼저 손을 내밀게 된다. 주님은 우리의 눈을 열어 그의 연약함을 보게 하셨기 때문이다. 그러자 그가 용서되고 원수였던 그는 나의 친구가 된다. '네 원수를 사랑하라'라는 말씀이 성경 속 활자에 머무르지 않고, 나의 순종으로 육신이 되어 다른 사람들에게 보이게 되었다.

　'네 이웃이 어디에 있느냐'라는 성경의 질문에, 나는 눈을 들어 주위를 살피기 시작했다. 나의 이웃은 누구인가? 나는 왜 나에게 직접 관계있고, 나에게 도움을 주는 사람들만을 이웃이라고 생각했을까? 나의 눈에 전에 보이지 않았던 이웃들이 점점 보이기 시작했다. 나는 그들의 삶에 관심을 가지기 시작했고, 나는 내가 가지고 있는 것들로 내 이웃의 필요를 채우려고 바빠지기 시작했다.

이것이 '말씀이 육신이 된' 것이다. 말씀이 살아서 내 삶과 생활 속에서 활동하기 시작하는 것. 성경 말씀이 두꺼운 가죽 커버로 덮여 있을 때는 보이지 않던 것들이, 그 말씀을 듣고 행동하는 자들을 통해, 다른 세상 사람들의 눈에 보여지고, 그들이 이해할 수 있는 그들의 언어로 이해되는 것. 가난한 자들의 손에 만져지는 것. 이것 또한 '말씀이 육신이 되어 우리 가운데 나타나신 것'이다.

나의 30년 신앙생활과 20년 선교 사역에서, 말씀은 늘 육신이 되어 나와 함께 거하셨다. 예수님은 성경 활자 속에 거하시지 않고, 내 삶과 사역으로 들어오셨다. 때로는 나를 책망하고, 때로는 나를 위로하셨다.

주님은 성경 말씀이 참된 말씀인 것을 나에게 가르쳐 주셨다. 2,000년 전의 죽은 말씀이 아니라, 살아 숨 쉬는 말씀인 것을 말씀해 주셨다. 그 말씀이 나를 인도하셨고, 나를 강건케 하셨다. 나는 주님께 기도한다. 말씀이 육신이 되었다는 말과 같이, 성경의 말씀이 내 살과 뼈에 새겨지고, 내 피에 흐르게 해 달라고. 그래서 말씀이 나의 육신이 되어, 내가 무의식중에라도 죄를 멀리하고 말씀대로 살 수 있도록 해 달라고.

세상의 많은 사람이 성경을 알지 못한다. 어떤 사람들은 왜 2023년 한국에 사는 우리가 2,000년 전의 이스라엘 역사를 배워야 하냐고 질문한다. 하지만 성경은 그냥 지나간 일들을 적어 놓은 역사책이 아니다. 살아 꿈틀거리는 생명이다. 믿는 자들이 먼저 이 생명을 받아 말씀이 되어, 이 세상 사람들에게 말씀을 보여주어야 한다. 그러면 그들도 말씀을 가까이하게 될 것이다. 이 땅에 육신을 입고 오신 예수 그리스도를 찬양한다.

그 곳 이 어 디 든

그래도
가겠습니다

초판 1쇄 2023년 02월 20일 발행

지은이 곽 숙

펴낸이 김용환

편 집 양한나

디자인 박지현

발행처 (주)작가의탄생   **출판등록** 제 406-2003-055호

임프린트 하이지저스   **주소** 04521 서울특별시 중구 청계천로 40 CKL 1315호

대표전화 1522-3864   **전자우편** we@zaktan.com   **홈페이지** www.zaktan.com

ISBN 979-11-394-1142-3   03230